二战风云
震撼博览

史诗巨著
全彩呈现

黑色太阳

第二次世界大战亚洲战事

胡元斌 严 锴 主编

台海出版社

前言 PREFACE

　　1937年7月7日，驻华日军在卢沟桥悍然向中国守军开炮射击，炮轰宛平城，制造了震惊中外的"七七事变"，中国的抗日战争全面爆发。1939年9月1日，德国入侵波兰，第二次世界大战正式开始。1945年9月2日，日本签署投降书，第二次世界大战宣告结束。

　　这是人类社会有史以来规模最大、伤亡最惨重、造成破坏最大的全球性战争，也是关系人类命运的大决战。这场由德、意、日法西斯国家的纳粹分子发动的战争席卷全球，世界当时人口总数的80%的20亿人口受到波及。这次世界大战把全人类分成了两方，由美国、苏联、中国、英国、法国等国组成的反法西斯同盟国与由德国、日本、意大利等国组成的法西斯轴心国，进行对垒决战。全世界的人民被拖进了战争的深渊，迄今为止这是人类文明史上绝无仅有的浩劫和灾难。

　　在这场大战中，交战双方投入的兵力和武器之多、战场波及范围之广、作战样式之新、造成的损失之大、产生的影响之深远都是前所未有的，创造了许多个历史之最。

　　第二次世界大战的胜利具有伟大的历史意义。我们历史地、辩证地看待这段人类惨痛历史，可以说，第二次世界大战的爆发给人类造成了巨大灾难，使人类文明惨遭浩劫，但同时，第二次世界大战的胜利，也开创了人类历史的新纪元，给战后世界带来了广泛而深远的影响。促进了世界进入力量

制衡的相对和平时期；促进了一些殖民地国家的民族解放；促进了许多社会主义国家的诞生；促进了资本主义国家的经济、政治和社会改革；促进了世界科学技术的进步；促进了军事科技和理论的进步；促进了人类认识史上的一场伟大革命；促进了世界人民对和平的深刻认识。

第二次世界大战的胜利也是世界人民反法西斯战争的胜利，成为20世纪人类历史的一个重大转折，它结束了一个战争和动荡的旧时期，迎来了一个和平与发展的新阶段。我们回首历史，不应忘记战争给我们带来的破坏和灾难，以及世界各个国家和人民为胜利所付出的沉重代价。我们应当认真吸取这次大战的历史经验教训，为防止新的世界大战发生，维护世界持久和平，不断推动人类社会进步而英勇奋斗。

这就是我们编撰《第二次世界大战纵横录》的初衷。该书综合国内外的最新研究成果和最新解密资料，在有关部门和专家的指导下，以第二次世界大战的历史进程为线索，贯穿了第二次世界大战的主要历史时期、主要战场战役和主要军政人物，全景式展现了第二次世界大战的恢宏画卷。

该书主要包括战史、战场、战役、战将和战事等内容，时空纵横，气势磅礴，史事详尽，图文并茂，具有较强的历史性、资料性、权威性和真实性，非常有阅读和收藏价值。

目录 CONTENTS

第二次世界大战亚洲战事

遇难者 300000

Victims three hundred thousa

遭難者　300,000

drei

Vittime trecento mila

黑色太阳

第二次世界大战亚洲战事

南京大屠杀

　　1937年12月13日，日军侵占南京城，在华中方面军司令官松井石根和第六师团师团长谷寿夫等法西斯分子的指挥下，对手无寸铁的南京民众进行了长达6周惨绝人寰的大规模屠杀。据1946年2月中国南京军事法庭查证：日军在南京制造了集体大屠杀28案，零散屠杀858案，合计被枪杀和活埋的中国军民达30多万人。

侵华日军
攻陷南京

　　1937年，日本华中方面军突破吴淞线后，于11月22日向大本营建议："为了解决（中国）事变，攻占中国首都南京具有最大的价值"，"应乘敌人的劣势攻占南京"。

　　24日，日陆军参谋部作战部长下村定在御前会议上介绍陆军作战计划时，提出华中方面军的任务是：

　　　　利用上海及其周围作战的成果，不失时机地果断地向南京追击。

　　据此，华中方面军从11月下旬开始，分南、北两路向南京方向进犯。至11月底，南北两路日军逼近南京。南京是当时中国的政治、经济、军事、文化中心。但是就其特殊的地理位置而言，素为不战之地。因此，保卫南京不能以城区为重点，只能以其外围作为屏障。

　　自日军占领上海、中国几十万大军在日军追击下向西撤退后，国民政府已无信心保卫南京，但是蒋介石担心在全国强烈要求固守南京和布鲁塞尔会议正在举行之际，如果轻易放弃南京，势必遭到国内的反对，在国际上也会产生不良影响。

　　在犹豫之中，蒋介石于11月下旬连续三次召开高级将领会议，讨论南京防守问题。最后他否定了作战厅长刘斐等人关于作"象征性防守"和"适当抵抗"的建议，决定固守南京，并任命唐生智为南京卫戍军司令长官。

　　蒋介石随即调集8个军计13个师，加上其他部队，共约15万人，并进行了防御部署：在南京外围，设置第一道防线，以5个军分别防守；在南京复廓设多道防线，以两个军外加教导总队、宪兵队防守。

　　12月1日，日军大本营下达第八号敕令："华中方面军司令官须与海军协同，攻占敌国首都南京。"

　　当天，华中方面军决定用6个师进行南京作战。12月3日，日军分三路向南京方面进攻：北路一个师从镇江过长江，西进六合，攻占滁县，切断津浦铁路；南路一个师和一个支队从泗安和广德出发，经宁国和郎溪、石臼湖，占领芜湖和浦口，堵住守军的退路；中路4个师从正面向南京攻击前进，于12月7日进抵南京近郊。至此，日本华中方面军已完成了对南京城的包围。

　　12月7日，蒋介石离开南京前召集少将以上守城将领训话，重申南京地位之重要，不能轻易放弃，并要求大家听从唐生智的指挥，共同担负起守卫的责任。

南京国民政府总统府

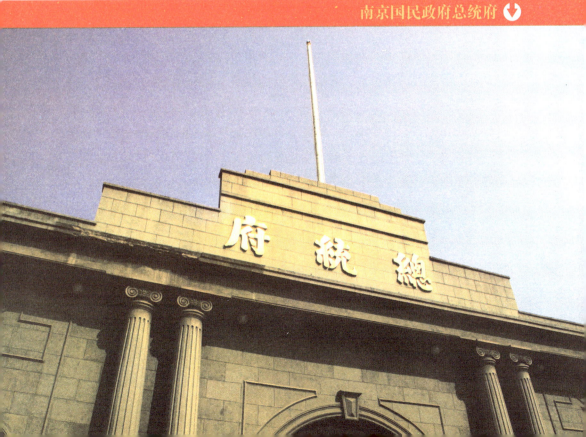

8日，唐生智下令第一线守军退至复廊阵地继续抵抗，并采取禁止北渡长江等措施，决心背水一战。9日，日军集中5个师开始向守军复廊阵地全面进攻。光华门城垣首先告急，日军一部两次突入城内，均被守军消灭。

日军受挫后，便于11日集中两个师猛攻雨花台和中华门，并对该地区进行昼夜轰炸。守军第八十八师拼命抵抗，两个旅长均壮烈牺牲，终因部队伤亡过重，雨花台和中华门相继沦陷。

战至12日晚，紫金山亦被日军占领。与此同时，各城门均告失守，中国守军与从中华门突入的日军展开巷战，南京危在旦夕。

12日下午，唐生智根据蒋介石的指示，向守城部队下达了突围的命令。当时南京城已呈现混乱状态，除少数部队从正面突围出去外，大部分部队涌向下关，造成严重失控和极度堵塞局面。不少人挤死在城门洞里或淹死在江里，更多的人则在日军飞机轰炸和机枪扫射下丧生。12月13日，南京陷落。

12月中旬，日华中方面军又令第十八师配合第一〇一师向浙江杭州方向进攻，12月24日占领杭州。至此，京沪杭地区便成了沦陷区。

南京保卫战历时10天，以南京的陷落而告终。中国统帅部在上海失守、中国军队主力元气大伤的不利情况下，仍调集兵力组织南京保卫战，广大守城官兵在处于劣势的情况下，全凭一腔爱国热情，以血肉之躯力御强敌，这些都是值得称颂的。

南京保卫战失利绝非偶然。敌我力量对比的差距、战前不利的敌我态势和南京易攻难守的地形，是造成南京保卫战失利的客观因素。在主观指导上也存在严重缺陷：蒋介石不相信、不依靠人民群众的力量，寄希望于国际形势的变化，寄希望于德国驻华大使陶德曼的调停，结果落空。

血腥屠杀
无辜百姓

根据南京市档案馆档案资料记载，"七·七"事变前，南京拥有人口100余万，日军入侵前夕虽然流亡后方一部分，但到1937年11月23日，南京尚"有人口50余万"，如再加上十几万守城官兵和数万外地难民，总人口仍在60万以上。

12月23日，日军占领南京后，对手无寸铁的南京市民和放下武器的中国军队俘虏，进行了惨无人道的血腥屠杀。

1947年3月，中国政府审判战犯军事法庭，经过一年多时间调查、取证认定，在日军南京大屠杀中，"被害总数达30万人以上"。

设于东京的远东国际军事法庭也作出了大致相同的判决。该《远东国际军事法庭判决书》指出：

据后来估计，在日军占领后最初6个星期内，南京及其附近被屠杀的平民和俘虏，总数达20万人以上……这个数字还没有将被日军所烧掉的尸体、投入到长江或以其他方法处分的人们计算在内。

日军南京大屠杀基本可分为两大类，即集体屠杀和分散屠杀。据不完全统计，集体屠杀毁尸灭迹者达19万人之多。

据中国审判战犯军事法庭对315起控诉案的查证结果，属集体屠杀而焚尸灭迹者共有28案，其中屠杀数在千人以上的集体屠杀案件有10起，它们是：

1937年12月15日，在上元门外沿马路至鱼雷港江边一带，日军用机枪射死被捆的俘虏和老百姓达9000人以上。10月25日下午13时，中国军警2000余人为日军俘虏后，被解赴汉中门外用机枪密集扫射，尚未死者悉遭活焚。12月16日下午6时，聚集华侨招待所之难民5000余人，被日军押往中山码头，用机枪扫射后弃尸江中。12月16日，日军在大方巷难民区内，将青年单耀庭等4000余人押送下关，用机枪射杀，难民无一生还。12月17日，在煤炭港下游之江边，日军对约3000名被拘禁者，初以机枪扫射，继将剩下的200余人驱入一茅屋内，浇上汽油烧死。12月18日夜间，日军将被囚禁在幕府山的中国军民5.7万多人，以铅丝扎捆，驱集下关草鞋峡，然后用机枪射杀，尚能挣扎者均遭乱刀戳毙，并将全部尸骸浇以煤油焚化。12月间，在城外宝塔桥及鱼雷营一带，日军屠杀中国军民3000人以上。12月间，日军在上新河地区屠杀中国军民28730人。12月间，难民和被俘士兵7000余人，在南门外附近凤台乡、花神庙一带被日军枪杀。12月间，日军在燕子矶滩屠杀难民和解除武装的士兵55000人以上。

除集体屠杀外，日军零星的分散屠杀更是不计其数。据中国战犯审判军事法庭《中国国防部审判战犯谷寿夫案件判决书》附件记载，除上述10起集体屠杀案外，还有有据可查、规模不等的屠杀事件870余起。据不完全统计，分散屠杀

南京大屠杀（雕塑）

人数至少在15万以上。

12月13日南京城沦陷以前，日军主要在东起栖霞、龙潭，西至板桥、双闸镇，南从六山、牛首，北达长江北岸和浦口的广大郊区农村进行屠杀。凡是日军所到之村镇，都染有中国人民的鲜血。

如江宁汤山镇许巷村近200户人家，就有100多个年轻人被日军刺死。由城里逃难到沙洲圩的南京烟草公司经理马明福一家6口，及其亲戚7口，外加本村50多人，也都惨死在日军的屠刀下。

日军对南京市区的屠杀是从12月13日占领南京市区以后开始的，先是在南京各城门内外大肆屠杀，然后杀向市区大街小巷。

日本东京《日日新闻》随军记者铃木二郎揭露说："从光华门北上，走向中山东路，在光华门马路两边，看到接连不断的散兵壕，都填满了烧得焦烂的尸体。马路中间横倒的许多木柱下面，压着的都是尸体，四肢断折，身首异处，不啻是一幅地狱图画。"

日本兵还在南京城内任意屠杀中国的儿童。一个外国证人说："中国人像兔子似的被猎取着，只要看见那个人一动就被枪击。"

中国军事法庭在《谷寿夫战犯案起诉书》中，对日军的这类杀人暴行作了描述：

> 吴学诗等拉夫不从被杀，李又名等完成夫役亦被杀，殷德才等见放火施救即被杀，张贡才等见燃烧民房哀求亦被杀，又李孙民之被杀，以其避难于防空壕中。
>
> 韩马氏等数十人之被杀，因强索柴米之告罄；又向赵陆氏等索姑娘不获杀之，强奸周张氏等不遂杀之，强奸或轮奸杨刘氏等后又杀之；又张世雄等因护子女而被杀，王二毛见父母被害号泣而被杀。

在南京大屠杀中，日军常用的手段有枪击、刺杀、砍头、刀劈、剖腹、

挖心、水溺、火烧、狗咬、活埋、锥刺、摔摜、活靶、宫刑、穿刺阴户和肛门等，屠戮手段之残忍，难以名状。

在素以残杀中国人著称的日军第十六师中，有两个少尉军官向井敏明和野田毅，在其长官鼓励下，进行所谓杀人比赛。约定在占领南京时，看谁先杀满100人，谁就是胜利者。他们从句容杀到汤山，向井杀了89人，野田杀了78人，因未满100人，"竞赛"继续进行。

12月10日，两人相遇在紫金山下，野田说："我杀了105人。"向井说："我杀了106人。"由于确定不了是谁先杀满百人之数，于是决定再赌看谁先杀满150名中国人。12月11日，比赛继续进行。

对这些杀人魔王的暴行，日本报刊不仅不予谴责，反而以《百人斩大接战》《百人斩超纪录》的标题予以宣扬。

日本侵略军不顾国际公法和国际正义，竟灭绝人性地以南京市民作其射击、刺杀的靶子，传授杀人技术。

他们或将被害者绑悬树梢、电杆上，以枪瞄准射击；或者迫使被害者排成一行，然后由一个或数个日本兵端着上了刺刀的步枪，一齐朝他们身上刺去，其余日本兵则在一旁观看；或者将被害者绑在木柱上，一个日本兵用军刀劈杀，其余均在旁观看、效法。

日军第一一四师重机枪分队一等兵田所耕三就曾对人说过："我在城里扫荡过'残敌'，把俘虏绑在树上，军官们一面教导我们怎样枪杀和刺杀的方法，一面把他们弄死。军官和下士官把蹲在挖好的坑前的俘虏脑袋砍下来。我嘛，那时是二等兵，只让我用刺刀刺……这样的屠杀在城内外一连进行了10天左右。"

肆意凌辱
妇女儿童

除了最残忍的大屠杀外，日军还对无辜的妇女进行野兽般的奸淫蹂躏。

一位曾参加过攻打南京的日本兵田所耕三揭露说："受害最深的还是女性。不管老太婆也罢，什么也罢，谁也逃不过去。我们从下关派出木炭卡车，到各村落、街坊掳来许多女人，分配给士兵们，大致15至20人分配到一个，找到仓库等墙边挡太阳的地方，拿些树枝树叶遮一下，当做强奸场所。中队长用图章盖在纸上，叫做'红卷'，大家拿着这个东西轮流入场……奸过之后，还要把她们杀死。"

一位目睹日军这一兽行的原鼓楼医院外侨麦加伦牧师，在12月19日的日记中写道："一周过去了，这里成了世上的地狱……我是有生以来第一次闻知有如此残忍之事。强奸、强奸、又是强奸，我们计算一夜至少有1000多起，连白天也有好多这样的事。如果有抵抗或者不答应的话，就用刺刀刺死，或者用枪打死。民众在绝境中呻吟着。"

横行无忌的日军不管在什么地方，只要见到妇女就强奸。金陵女子文理学院收容妇孺9000多人。数日内，"被其奸淫之妇女约占半数"。

南京国际委员会致日本大使馆的公函中称："难民区每天有许多妇女横遭蹂躏，其中有牧师的妻子，有青年会工作人员的妻子，有大学教授的妻子，他们平时都洁身自爱，清白无瑕。"

淫虐成性的日军即使对年逾古稀的老妇和尚未成年的幼女也不放过。

一天，3个日本兵闯入三牌楼郑姓家中，轮奸了一位已经60多岁的老妇，其孙哭泣不已，被刺两刀。水西门外，某寡妇有女3人，长女18岁、次女13

南京大屠杀中的妇女儿童（雕塑）

岁、小女9岁，均被日军轮奸。小女儿当场死去，长女、次女亦不省人事。

残暴的日军对孕妇和刚分娩的妇女也进行凌辱。12月19日，一名孕妇被日军拉着要强奸，婆婆前去阻拦，被一脚踢开，日军用刀剖开孕妇腹部，胎儿流出，两条性命俱丧。赛虹桥北村55号张孟氏，分娩不久即遭日本兵强奸，因伤势过重死去。在被日本兵强奸的妇女中，还有出家的尼姑。一位名叫松泉的女尼，被日本兵强奸致死。

日军不仅肆无忌惮地强奸、轮奸妇女，更为凶残的是他们在奸淫妇女后，又用种种残暴手段将其杀死。

据当时目睹这一惨状者记述："有时用刺刀将奶子割下来，露出惨白的肋骨；有时用刺刀戳穿下部，摔在路旁，让她惨痛呼号；有时用木棍、芦管、萝卜塞入阴部，横被捣死，日寇则在一旁拍手大笑。"

一些残暴的日军在蹂躏妇女之后，还灭绝人性地强迫公奸其媳，父奸其女，子奸其母，僧奸少女，以供取乐。据一目睹者说：日军进城第四天，一伙日军闯入水西门的刘姓家中，见一少女，"强令脱去衣服，迫其父母各执一足，然后轮流强奸"。

继之强令其父强奸其女，父不允，日兵则以刺刀猛刺，父女同时毙命。一天，一个十八九岁的姑娘，扮成男子出城寻找父母，不料在中华门被守城日本兵识破，当即被拖入卫兵室轮奸了。这时，正好一个和尚走过来，日兵即令其续与行奸，僧拒不从，被处宫刑致死。

日军在南京大规模的兽行，延续达6周之久，涉及地域之广，强奸人数之多，其手段之毒辣，在人类历史上实属罕见。据远东国际军事法庭认定："在占领后的一个月中，在南京市内发生了20000起左右的强奸事件。"

日军的种种兽行表明，其人性已经泯灭殆尽。就连日本的盟友德国政府也从派出的代表处得到报告："这不是个人的而是整个陆军，即日军本身的残暴和犯罪行为。"该报告最后把制造这种暴行的日军称为"兽类的集团"。

日军在侵占南京后的所作所为，在中国人的心里留下了永远也抹不掉的阴影，这是日本军国主义分子对人类的犯罪，中国及爱好和平的世界人民都应时刻谨记。

疯狂掠夺
各类财物

日军在南京的另一暴行是对财物的掠夺。从城外到城内，从各个角落到难民区，无时无处不抢。全城所有私人住宅，不论是中国人的还是外侨的，都遭日军"光顾"，劫掠一空。抢劫的时间长达两个月。

特别令人气愤的是，抢劫、强奸、纵火往往是同时进行，有时还要杀人灭口，搞得不少市民人财两空，家破人亡。

一位外侨在信中说："城内几乎每所房子都遭到了日本兵掠夺，即使美国、英国、德国使馆和大使官邸及外侨住宅，也未能幸免。各种车辆、衣服、被褥、毛毯、钟表、字画、食物、现金，以及其他稍有价值的物品，都是他们掠夺的对象。"

日军大规模的抢劫是在其既定的掠夺政策指导下，有组织地由各部队进行的。南京金陵大学教授贝德斯博士在远东军事法庭作证说："这种抢劫是非常有组织的，使用了许多军用卡车，并且在军官的指挥下进行。"

日军有组织掠夺的主要对象是机关、学校、工厂、仓库和商店。一位留在南京的美国公民在信中写道：

南京的店铺尚未遭到袭击的，只有国际委员会的米店和军用仓库。大多数的店铺，日本兵一来，先把明显的东西抢走。接着在军官的指挥下，有计划地把一切物品用军车拉走，尔后付之一炬。

根据战后南京市临时议会不完全调查统计，在南京事件中，日军共抢劫各种器具30多万件、衣服590多万件、金银首饰1.42万两、书籍14.86万册、古字画2.84万件、古玩7300件、牲畜6200头、粮食1200万石。所抢劫的其他财物，如工厂设备、原料、车辆、铁器等尚未统计。

纵火是日军摧毁古都南京的主要手段，也是其重要的暴行之一。日军占领南京之初，就在其军官指挥下，士兵手执火把在大街小巷横冲直撞，到处随意放火。

12月20日，一位外侨在日记中写道：

暴行继续发生。全城大火蔓延。下午5时，我和史密斯乘车

日本侵略军杀人抢劫（雕塑）

外出，城内最繁荣的商业区太平路一带火焰冲天。向南行，我们目睹日本兵在店铺内放火，再向南行，看见日本兵忙于把东西装入军用卡车。

夜间，我从窗口眺望，14处火舌正向天空飞腾。日军不仅在城里纵火，而且郊区农村也没有逃脱日军的洗劫。

日军纵火时间长达数月。德国驻华使馆外交官罗森，1938年1月15日在给德国外交部的报告中说："日本军队放的大火在日军占领一个多月之后至今还在燃烧。"

这次日军纵火破坏究竟有多大？远东国际军事法庭判决书认定："市内的商业区一块一块地，一个接一个地被烧掉……全市约三分之一被毁了。"

至于郊区，则"在南京四周200华里以内所有村庄，大体上都处于同样的状态"。另据战后南京市临时议会1946年公布的《抗战损失调查》表明，全市共损坏高大华丽房屋748幢和3.1万多间。

预谋实施
烧杀抢掠

南京大屠杀事件绝不是偶然的，它是日本法西斯一次有计划、有组织、有预谋的行动。进攻南京，妄图用恐怖手段迫使中国政府投降，是由日本最高当局一手阴谋策划的，松井石根则是这一阴谋计划的具体组织者和执行者。

1937年8月15日，日本政府发表了"膺惩暴支"的声明。9月5日，日本外相广田弘毅在议会宣称："我国为了使这种国家反省他的错误，而决心予以决定性的打击。"

对于这些，松井石根是心领神会的。他在接受上海派遣军司令官一职时，曾对陆相杉山元说，无论如何要攻打南京，并且声言：降魔的利剑现在已经出鞘，正将发挥它的神威。

他笃信只有武威才能迫使中国人民畏服。在他亲自起草的《攻克南京城纲要》中，规定了占领南京后，由各部队"分区对城内进行扫荡"的任务。

战后，远东国际军事法庭判决书也认定："对都市或村庄居民实行屠杀……这就是日方所谓的'膺惩'行为。这些行为在中日战争中一直未停过，其中最坏的例证就是1937年12月对南京居民的大屠杀。"

日军在南京有组织的大屠杀，显然是得到了指挥官的许可而实行的。日军上海派遣军司令官朝香宫鸠彦，曾向所部下达了"机密，阅后销毁"的命令："杀掉全部俘虏。"

该军第十六师师长中岛今朝吾和第十三师第一〇三旅长山田旃二在日记或笔记中，都记载了执行虐杀俘虏的命令和残杀俘虏的情况。

⬆ 日军长官向部下布置任务（蜡像）

　　隶属于上海派遣军的两个师是这样，归第十集团军统辖的第一一四师也不例外。该师第六十六团第一营在其战斗详报中也有记载："根据旅团命令：俘虏全部杀掉，其方法可以10多名为一组枪杀。"

　　由此可见，不保存俘虏的方针绝非哪一个部队的发明，至少是来自日本华中方面军的指令。此外，日第十集团军所属第六师随军摄影记者河野公

辉，到该师司令部采访时看到一份关于屠杀平民的命令文件。内容是：

> 不容许共产主义的暴虐，为粉碎共匪的猖獗活动，农民、工人自不待言，直至妇女儿童皆应杀戮之。

正是在这一方针和命令下，侵华日军制造了一个又一个大屠杀事件。

至于日军在南京奸淫、纵火和破坏的兽行，也是在日本当局和军官的纵容下进行的。对于日军强暴妇女的暴行，师长中岛今朝吾曾若无其事地说什么"强奸妇女在战争中是不得已的"。

一位曾参加过侵华战争的日本"志愿兵"在手记中写道："上级号召士兵们要去养精蓄锐"，并挑唆说，"没有接触过女人的人，就打不了仗"。

日本兵在南京的劫掠和破坏，是在日军下达"在当地征收粮食，自谋自活"的征收令的幌子下进行的。

一位曾参加过这一暴行的日本兵追述说：正是这个征收命令，使"军人们变成了到处偷袭抢夺谷物、家畜来充饥的匪徒"，"使下级军官发狂，不但抢夺粮食，而且强暴了中国妇女"。

日军在南京所犯的种种罪行，还得到了日本当局的默许和支持。

南京国际委员会自1937年12月14日至21日，先后12次向日本大使馆提出抗议，并在照会中附录烧、杀、淫、掠罪行计113案，促请日本当局注意约束部属，防止暴行扩大。但是，日本当局对抗议信函一概置之不理。

黑色太阳

第二次世界大战亚洲战事

百团大战

自1939年冬以来，日军以铁路、公路为支柱，对抗日根据地进行频繁扫荡，并企图割断太行、晋察冀等战略区的联系，推行所谓"以铁路为柱，公路为链，碉堡为锁"的"囚笼政策"。为了给日本华北方面军以有力打击，1940年下半年，八路军副总司令彭德怀指挥八路军105个团20余万兵力，对日伪军发动了以破袭正太铁路为重点的战役。

制订周密的 作战计划

1939年12月，冀中军区政治委员程子华和政治部主任孙志远向八路军总部发来电报说：

敌最近修路的目的同过去不同。

一是以深沟高垒连接碉堡。由任丘到大城、河间的公路修得比地面高5尺，两旁沟深8尺到1丈，沟底宽6尺，沟面1丈6，把根据地划成不能相互联系支援的孤立的小块，部队也不易转移，便于敌逐次分区搜剿。

二是汽车路的联络向外连筑，安国县已完成3层，敌汽车在路上不断运动，阻挡我军出入其圈内。

日本侵略军的这套诡计，不仅在冀中推行，而且要在全华北实行。军事家刘伯承曾经形象地比喻说，这是日军企图以"铁路为柱，公路为链，碉堡为锁"，对华北军民实行"囚笼"政策。

八路军指战员认识到，一旦日军的阴谋得逞，"将造成坚持游击战争的极端困难局面"。因此，大家纷纷提出，绝不能让其修成这类道路。

朱德、彭德怀认为，日军的筑路行动，有其战略上和战术上的重大意义，对此，丝毫不能忽视。朱德、彭德怀提醒大家，要从总体上来认识和对付日军的阴谋。

1940年8月20日，八路军对日军交通线的总破袭战打响了。

8月22日，八路军总部陆续收到各部队发来的战斗捷报。中午，作战科长向彭德怀副总司令和左权参谋长报告实际参战兵力，作战科长如数家珍似的说："正太路30个团，平汉线卢沟桥至邯郸段15个团……"

左权听着听着，忽然说："好，这是百团大战，作战科要仔细查对确切的数字。"

彭德怀说："不管是一百零几个团，就叫百团大战好了。"

这天中午，彭德怀、左权指示：正太战役是抗战以来华北军队积极向日军进攻之空前大战，总兵力共约一百个团，故名"百团大战"，以便向外扩大宣传。

这天，《新华日报》华北版、新华社华北分社发布了第十八集团军司令部参谋处关于百团大战的第一号捷报。

从此，百团大战这一八路军在华北地区发动的一次规模最大、持续时间最长的战役轰动中外，它对坚持抗战，遏制国民党妥协投降暗流，争取时局好转，起到了重要作用。

中华人民共和国十大元帅中，朱德、彭德怀、刘伯承、贺龙、聂荣臻5人都参与指挥百团大战。

发动百团大战，八路军的高级将领经过了长时间酝酿。

八路军总部原来设想，以袭击日军交通线为主的总破袭战从1940年4月10日开始，由于反顽斗争，这一战役到8月下旬才打响。

日本侵略军侵占广州、武汉等地以后，对国民政府采取了以政治诱降为主、军事打击为辅的策略。1938年11月3日，日本政府发表声明称：

今凭陛下之盛威，帝国陆海军已攻克广东、武汉三镇，平定中国重要地区。国民政府仅为一地方政权而已。然而，如该政府坚持抗日容共政策，则帝国决不收兵，一直打到它崩溃为止。

帝国所期求者即建设确保东亚永久和平的新秩序。这次征战之最后目的，亦在于此。

八路军副总司令彭德怀（塑像）

此种新秩序的建设，应以日满华三国合作，在政治、经济、文化等各方面建立连环互助的关系为根本，希望在东亚确立国际正义，实现共同防共，创造新文化，实现经济的结合。这就是有助于东亚之安定和促进世界进步的方法。

帝国所希望于中国的，就是分担这种建设东亚新秩序的责任。帝国希望中国国民善于理解我国的真意，愿与帝国协作……

日本侵略军在政治上迫使国民党订立城下之盟的同时，在军事上不得不转入保守占领地，准备长期作战。1938年11月，日军大本营制定了《陆军作战指导纲要》，明确提出其作战方针是："确保占据地区，促进其安定；以坚强的长期围攻态势，扑灭残余的抗日力量。"

正当抗日战争进入战略相持阶段、日军谋划新的侵华阴谋时，国民党顽固派消极抗日，积极反共。

1939年1月，国民党五届五中全会决定了溶共、防共、限共、反共的方针，制造了一系列武装摩擦事件。

11月，国民党五届六中全会决定实行军事限共。11月下旬，阎锡山命令第六集团军总司令陈长捷指挥两个军，向山西青年抗敌决死队第二纵队和八路军第一一五师晋西独立支队发动进攻。

12月3日，阎锡山的部队破坏了永和、石楼等地抗日民主政权及"牺盟会"等抗日群众团体，杀害了洪洞县、蒲县县长和八路军晋西独立支队后方医院的伤病员，史称"十二月事变"。

与此同时，国民党顽固派还在陕甘宁边区、晋东南地区、太北和冀南地区向抗日力量进攻。中共中央从抗日大局出发，指示八路军审慎而坚决地同反共行动进行必要斗争。国民党顽固派掀起第一次反共高潮，削弱了抗日力量，给日军以可乘之机。

1940年春，日本侵略军纠集伪军，执行"肃正建设计划"，推行"囚笼政策"，对抗日根据地进行"扫荡"，给抗日军民造成严重困难。

日军占领华北以后，挖壕沟，筑碉堡，不断修筑公路、铁路交通网，平原上的据点之间都有公路联络，有的一个据点分叉十几条公路，形成了纵横交错的公路网。正太铁路是日军施行"囚笼政策"的重要支柱之一。

正太铁路东起石家庄正定，西止太原，全长240多公里，横越太行山脉，经过娘子关天险，是连接山西、河北两省，沟通河北平原和山西高原，联结平汉、同蒲两条铁路线的重要交通命脉。

日军企图通过施行"囚笼政策"这种方式把华北抗日根据地分割成块，在军事上实行分区"扫荡"，在政治上加强发展伪组织的"统治"作用，在经济上对抗日根据地加以严密封锁，隔绝各抗日根据地之间的粮食运输，还企图把晋察冀的粮食运往日本，缓和日本国内的粮荒。

侵略者费尽心机，企图更尖锐地插入根据地，控制根据地。日军妄称，正太铁路沿线是"不可接近"的地区。

1939年秋，华北抗日根据地已有近百个县城，日军推行"囚笼政策"以后，抗日根据地逐渐被封锁、被切割，八路军的抗日活动困难，物资供应更为紧张。

1940年2月，八路军总司令朱德、副总司令彭德怀在部署反摩擦斗争的同时就提出，八路军各部队要对日军筑路的起止地点、修筑方法、沿路设施、守备兵力等情况进行详细侦察，为打破日军的"囚笼政策"做军事准备。

4月1日，朱德、彭德怀发布命令，要求八路军各部队互相配合，从4月10日开始对日军的交通线发起总破袭战。

4月2日，彭德怀收到毛泽东发出的一封急电。毛泽东在电报中指出：

目前局势相当严重，蒋介石似已下了决心，即是挂抗日的招牌，做"剿共"的实际。目前对我最威胁的是绥德、皖东两点。

毛泽东还提出，要以主力对付威胁延安的国民党第九十军；八路军除第三四四旅外，再抽调兵力南下华中，打通与新四军陈毅方面的联系。毛泽东

还希望朱德早日动身到洛阳，同卫立煌谈判，停止国共摩擦，然后秘密返回延安，参加中国共产党的第七次代表大会。

彭德怀接到毛泽东的电报以后，即要求八路军有关部队集中力量对付国民党的反共摩擦，对日军发动交通总破袭战的计划推迟。这以后，八路军有些部队也出击了日军的交通线，但没有形成统一的战役。

4月12日，毛泽东、王稼祥在给朱德、彭德怀的电报中提出："朱总能否与卫一晤？"

根据毛泽东的意图，朱德总司令离开八路军总部王家峪，前往洛阳同卫立煌谈判。

5月7日，朱德一行渡过黄河。卫立煌得知朱德到来，早已派人到码头迎接。朱德到洛阳时，天已经黑了。卫立煌把朱德和康克清安排在自己的驻地住宿，以便互相交谈。

在卫立煌举行的欢迎会上，朱德特别强调了军队团结的重要性。朱德说：

共产党、八路军坚决要求这种团结，国民党的大多数需要这种团结，只有日寇、汪精卫、汉奸、投降分子和摩擦专家害怕这种团结。

朱德强调，这种团结必须建立在进步的基础上，只有这样，才能克服困难，争取抗战的最后胜利。

在洛阳，朱德与卫立煌举行会谈，气氛很融洽。每天晚上，卫立煌都安排招待晚会，有时还请著名演员演出。卫立煌原来还准备就陕甘宁边区问题做些调解，蒋介石得知后立即打电报给卫立煌，说："这个事你不用管。"

后来，朱德向党中央报告情况时说，洛阳是国民党特务机关集中的地方，但因为有卫立煌这个中间力量在，情况比西安还要好些。

5月17日，朱德一行来到西安，发现八路军办事处周围出现了一些来历不

明的人。

由于国民党顽固派掀起反共高潮，八路军设在国民党西北统治中心的这一合法机关也成了反动分子的一个眼中钉，不仅在生活必需品供应上处处刁难，还在办事处周围设置了20多个特务据点，办事处工作人员外出，很快有特务尾随跟踪。

朱德了解到上述情况以后，一面要求大家保持警惕，任何时候都不可麻痹大意，一面和大家一起研究了对付国民党特务的斗争艺术。为了保证文件传送中不被特务觉察，要求有关人员不走大街走小巷，晴天不送雨天送，白天不送晚上送。

离开西安前夕，朱德得知办事处交通科一名姓贾的战士因公外出时被国民党特务秘密绑架，反动当局又拒不承认。为了把这名战士救出虎口，朱德亲自出面同国民党有关方面交涉，迫使特务放人。

北上返回延安那天，朱德得知八路军办事处有一批通信器材要送往延安，又担心这些器材在途中会受到国民党军队哨卡的刁难。

朱德毫不犹豫地说：“你们把这些器材装上车，我随大卡车一起走。”

当时，著名作家茅盾夫妇和一些进步人士也要从西安去延安，为了保障他们途中安全，朱德也邀请他们同车前往。

北上途中，国民党军队的哨卡一次又一次地拦住了这辆大卡车，当他们看到车上坐着第十八集团军总司令时，只好皮笑肉不笑地让路。

返回延安以后，朱德总司令直接参与中共中央和中央军委的领导工作，协助毛泽东指挥全国各抗日根据地的抗日战争。

朱德离开八路军总部不久，彭德怀委托左权前往太行山深处的黎城县谭村，这是八路军第一二九师师部所在地。

4月末一天晚上，左权见到刘伯承、邓小平、聂荣臻、吕正操、陈锡联、陈赓等人。战争岁月，几名八路军高级将领聚在一起，不约而同地谈论起一个问题：粉碎敌人的“扫荡”。左权听了大家的议论，很兴奋，说：

彭老总要我到这里来，就是为了和大家商量这件事。彭老总有个想法，由荣臻和伯承同志再次协力，从南北两面对正太路来个大破袭，打通晋察冀和太行区的联系。

左权这番话，引起了大家的热烈讨论。将军们提出了多种设想，要左权带回去，供彭老总参考。

破袭日军的交通线，是打破"囚笼政策"的重要环节。朱德在1940年7月7日《解放日报》上撰文分析日军情况时指出，日军吃了游击战争的亏，在军事上想了很多办法来对付八路军。他们先是依靠铁路、河流和公路，把抗日根据地隔成许多小块。

为此，日军还新建了铁路，开凿了漳河、卫河间的运河，修筑了数不清的公路。他们还通过挖沟和筑墙的办法来割裂和限制八路军。

平原地区，日军修筑的碉堡远的二三十公里一个，近的五六公里一个，在铁路旁和重要城镇周围，每隔两里就有一个碉堡，步枪火力可以互相联系。因此，截断日军的交通线，收复若干重要据点，具有重要意义。

八路军高级将领酝酿在华北进行大破袭战时，国际上发生了一系列重大事件，与中国的抗日战争息息相关的欧洲战场上，法西斯军队发动了新的进攻，接连占领了西欧4个国家。

德国法西斯军队在欧洲战场的侵略行为，进一步刺激了日本侵略军的狼子野心。

法西斯军队在欧洲战场上得势以后，蒋介石一度与日本的板垣征四郎举行长沙会谈，并且在匆忙之中达成了会谈备忘录，日本政府进一步开展了对国民党的政治诱降活动。

尽管后来美国的罗斯福总统表示了对国民党的支持，并希望中国拖住日本，蒋介石也意识到日本迟早要同美国进入战争状态，同美国打仗，日本绝不可能像在中国那么疯狂。

但日本并没有放弃对蒋介石的政治诱降工作。5月18日，日本陆军省、部

首脑会议正是通过了《以昭和十五、十六年为目标的处理中国问题策略》。这个策略的要点是，在1940年年底以前，进一步统一与加强政略、战略和谋略，以全力迅速迫使国民党蒋介石政权屈服。

根据这一策略，日军把侵华的重点放在对国民政府的政治诱降上。为了提高政治诱降的力度，加强对中国政府的军事压力，日军发动了武汉会战以来规模最大的枣宜作战。

冈村宁次离开中国后，由园部和一郎任司令官的侵华日军第十一集团军派出了第三、第十三、第三十九师团和池田、石本、小川支队、平野、古东、田中大队等部队向宜昌发起进攻，其中步兵相当于编制健全的20个大队。

5月23日夜晚，日军第十一集团军园部和一郎司令官向日军统帅部报告了实施宜昌作战的决心，日军统帅部马上批准，并且从南京、上海和杭州地区抽调了一部分兵力支援宜昌作战。园部和一郎司令官在25日至29日连续下达命令，部署作战行动。

日军渡过汉水以后，第三师团于6月1日占领襄阳，第三十九师团于3日占领宜城。

当时，第十一集团军的一些中、上级军官看到部队连续同中国军队作战，十分疲惫，希望放慢进攻速度。但是，日军大本营被德国军队的疯狂战争所刺激，也想加快侵略中国的步伐。

正是在这种思想的指导下，日军第三师团和第三十九师团分左右两路，于6月4日分别向当阳和荆门前进。

6月10日，园部和一郎司令官向全军下达了迅速攻占宜昌的命令，命令"第三师团及第三十九师团消灭敌人北面集团后，在当阳一带及当阳以西地区整理阵容，准备尔后的机动"；"第十三师团击败安福市一带南面集团后，向宜昌突进，并迅速围攻和占领宜昌。"

日军第十三师团于6月12日16时占领宜昌以后，又派出大量飞机对重庆等重要战略目标进行轰炸，其中攻击重庆市军事设施的炸弹就有10000多枚，企图以疯狂的轰炸来屠杀中国人民，震慑中国人民的抗日行动。

日本侵略军的轰炸一度使国民党上层集团笼罩着一种失败情绪,蒋介石等人也曾经寄希望于国际的援助。但是,罗斯福总统和丘吉尔首相正忙于应付欧洲战场的严重形势,难以顾及中国战场的情况。

7月上旬,日军在华北的兵力约有27万人,华北伪军约有14万人,武汉方面兵力较少。日军为了增强第十一集团军的守备,7月20日,从华北抽调了6个步兵营、一个山炮营到武汉。司令部驻在石家庄的日军独立混成第八旅团主力正在冀中"扫荡"。这样一来,正太铁路沿线的日军兵力暂时减少。

为了粉碎日本侵略军对华北抗日根据地的全面进攻,打击其"囚笼政策",制止国民党右派的投降活动,进一步发展敌后斗争的新局面,并影响全国的抗战形势,八路军总部决定,实施酝酿成熟的破袭正太路的设想,向华北日军占领的交通线和据点发动大规模破袭战。

7月22日凌晨,一束束电波飞向天空,朱德、彭德怀、左权联名下达的关于大举击破以正太铁路为中心的《战役预备命令》传到各部队,传到延安。

延安收到这份注明"十万火急"的电报以后,立即抄送毛泽东、王稼祥、洛甫、王明、康生、陈云、邓子恢、任弼时、谭启龙和作战局。

8月8日,朱德、彭德怀、左权三人联名下达了《战役行动命令》。这项命令规定,总部特务团主力集结于下良西营地区,聂集团、刘邓集团、贺关集团和总部特务团,统统由总部直接指挥,"限8月20号开始战斗"。

战役行动命令下达以后,八路军指战员群情激昂,纷纷进行战斗准备,对一些重要作战地域,指挥员和参谋人员亲自化装去侦察。

当时担任第一二九师第三五八旅旅长的陈锡联将军回忆说:"我们这些旅干部,当时都化装去铁路沿线侦察了地形。"

日军华北方面军参谋长于10月13日向日本陆军次长报告战役情况时加注说:"独立混成第四旅团司令部所在地的阳泉,在盂兰盆会期间发现很多平日未曾见过的健壮男子前来游逛,市场上卖东西的人,有半数改换了新人。事后查明,从8月前后经常出入阳泉车站的一个男子,据说是共军某部的参谋长。"

　　八路军的勇士们首先在正太路向日本侵略军发起进攻，打击日本侵略者的战斗很快扩展到晋冀察全境、晋绥大部分和热河南部地区；正太、平古铁路全线，安阳以北的平汉铁路，德州以北的津浦铁路等地，除山东以外的整个华北地区和主要交通线上，到处可以听到抗日军民破袭日军交通线的枪声和爆炸声。

　　百团大战的号角吹响了。这场总破袭战，首先在正太铁路发起。

　　8月8日，朱德、彭德怀、左权下达的《战役行动命令》进一步明确了战役部署和任务，其中要求：

> 　　聂集团主力约10个团破坏平定东至石家庄段正太线，破坏重点应在娘子关、平定段。
>
> 　　对北宁线、德州以北之津浦线、德石路、沧石路、沧保路，特别是对元氏以北至卢沟桥段之平汉线，应同时分派足够部队从正面的破袭之，阻击可能向正太线增援之敌，相机收复某些据点。
>
> 　　对西、北两面之敌，以适当兵力监视之。另以有力部队向盂县南北敌据点积极活动，相机克服某些据点。

　　"聂集团"是指由司令员兼政治委员聂荣臻指挥的晋察冀军区部队，这是以八路军第一一五师的独立团、骑兵营、师教导队等3000多官兵为骨干发展壮大起来的，在晋察冀根据地开展敌后斗争的一支抗日力量。

　　"聂集团"的主要任务是破袭正太路东段，主要作战对象是日军独立混成旅团大部、独立混成第四旅团一部。这一地域，有日军坚固设防的娘子关天险，有日军的重要燃料基地井陉煤矿。这些要点，日军都进行严密守备。

　　聂荣臻司令员接到八路军总部的命令后，立即抽调了18个步兵团，1个骑兵团又2个骑兵营、3个炮兵连、1个工兵连、5个游击支队，分别组成左纵队、右纵队、中央纵队、钳制部队和总预备队，破袭正太路阳泉至石家庄段；同时对平汉铁路元氏至卢沟桥段等铁路段也作了相应的破袭部署。

当时，正太路沿线的日本驻军主要有独立混成第四旅团全部，该旅团司令部设在阳泉；独立混成第八旅团一部，该旅团司令部设在石家庄；独立混成第九旅团一部，该旅团司令部设在太原。

日军在正太铁路沿线城镇、车站、桥梁、隧道附近筑有坚固的防御工事，在铁路两侧10公里至15公里地区还设有外围据点。堡垒之间用交通壕相连接，周围又设有铁丝网、障碍物，布置了严密的火网，平定到石家庄两侧，就有40多个据点。破袭战在许多地段将是攻坚战。根据这些情况，聂荣臻决定先攻占日军据点，再实施破路。

战前，聂荣臻要求参战部队抓紧时间进行攻坚和破城的针对性训练，特别要重视侦察敌情，准备爆破器材，选择好进攻道路。各项准备工作基本就绪以后，聂荣臻带着一个精干的指挥组赶到前线。

聂荣臻的指挥所设在井陉附近一个叫洪河漕的小山村里。井陉有总矿、新矿、阳井矿3个矿区，是华北地区一个储量丰富的煤矿，日军把这个煤矿视为命根，投入了相当多的人力物力。聂荣臻决心破坏这个煤矿，有意把指挥所设在井陉附近。

8月20日，夜空漆黑，雨淅淅沥沥地下着，突然，正太铁路两旁升腾起了一颗颗红色信号弹。刹那间，随着一阵雷鸣般的爆炸声，各路突击部队像猛虎下山，扑向日军的据点和车站。

八路军向正太铁路全线发起突然攻击，日军事先竟然毫无所知，各据点守军没有任何准备，一时间，全线陷入被动。战役之初，守备正太路东段的日军独立混成第四旅团司令部

聂荣臻司令员兼政委（铜像）

031

"根本弄不清楚各方面的情况，经过两三天以后，才逐渐判明"。

在聂荣臻指挥下，晋察冀军区的部队3路出击，均高奏凯歌。

其中一路是突袭娘子关的右纵队由晋察冀军区第二军分区司令员郭天民、第四军分区政治委员刘道生指挥，辖有第十九、第五团，主要负责击破正太铁路娘子关至乱柳段之间的交通线，重点是娘子关的日军据点。

娘子关，原名苇泽关，位于山西平定县城东北45公里处，是古长城的著名关隘。相传唐太宗之妹平阳公主统领娘子军驻此设防，故称娘子关。

关城两翼之长城依山势蜿蜒，是正太路上晋、冀两省交界地带的天然屏障。关城北侧桃河，水流湍急，南接山岭，逶迤相连。石太线顺山峡蜿蜒铺设。

1937年10月，日军占领娘子关后，又依据险峻的山谷加修了4个大堡垒。关上有日军驻守，关下的村子里驻守着伪军。

1940年8月20日20时，担任主攻任务的第五团指战员悄悄潜入娘子关村，很快解决了村里的伪军。胜利的喜悦鼓舞了八路军指战员的信心，他们沿着陡峭的山坡，冒着密集的火网，向娘子关上的日军堡垒仰攻。

守关日军毫无准备，被八路军打得措手不及。经过3小时激战，第五团的两个连攻入娘子关，歼灭了大部分守军，八路军的红旗插上了被日军占领3年的娘子关。

这是正太铁路中最早攻克的一个重要战略据点。在侵略军铁蹄下生活了近3年的娘子关地区的同胞，看到八路军的红旗高高地飘在关头上，兴奋得流出了泪水。

聂荣臻得知右纵队的指战员攻克娘子关，感到兴奋，但他立即拒绝了部队要求坚守娘子关的请求，命令部队在炸毁堡垒工事和东面的铁路桥后，撤离娘子关。当日军的增援部队赶到时，八路军已经撤得无影无踪。

8月23日，第五团官兵再次攻入娘子关，炸毁了娘子关东面1公里处的一座石桥，破坏了程家陇底、磨河滩之间的铁路。

第五团一营第一连向磨河滩车站这个日军据点袭击时，却意外地遭到了

日军的反击。磨河滩车站原来只有100多名日军，八路军以一个连突然袭击，有胜利的把握，谁知这天日军的800多名退役军人乘火车经过这个车站，听到枪声，也加入了战斗，这样一来，磨河滩车站的日军突然增加到近千人，战斗力发生了变化。

破袭磨河滩车站的任务没有完成，指战员们摩拳擦掌。当天晚上，第一连官兵悄悄地渡过棉河，攻入磨河滩车站，日军听到枪声，退入营房继续抵抗。

就在两军相持的时候，500多名日军乘铁甲列车前来增援，天空突然下起了大雨，棉河水上涨，人员难以徒涉，一连指战员即抢占了磨河滩车站西面的一个村庄，伺机行动。

次日下午，日军组织起400多人，开始对第一连进行反击。第五团首长得知这一情况后，即命令团主力对一连进行火力支援。不一会儿，反击的日军遭到了棉河北岸猛烈炮火的袭击，反击受阻。第一连指战员英勇战斗一日，歼灭50多名日军后，奉命撤出战斗。

第十九团官兵在战斗发起后攻入巨城和移穰车站。8月23日晚上，第十九团再次攻入移穰车站，炸毁了车站的水塔和铁路设施。

8月24日至27日，右纵队的指战员连续作战，接连炸毁了20孔石桥。日军各据点的联络被切断，遭到八路军的各个击破，正太铁路娘子关至乱柳段，交通完全断绝，日军异常恐慌。

左纵队由晋察冀军区第四军分区司令员熊伯涛指挥，辖有冀中警备第二旅、晋察冀军区特务团、平井获支队等部队，主要负责破袭微水至石家庄之间的铁路和公路。战斗打响后，各部队分头行动。

平井获支队在8月20日夜晚袭击岩峰，爆破铁路。特务团在20日夜掩护群众破坏公路后，又于22日夜攻入上安车站，歼灭了车站的日军。警备旅第二团于23日夜攻入头泉车站，破坏了日军的两个堡垒。

8月25日至27日，左纵队指战员连续出击，对平山、获鹿、微水、岩峰之间的公路进行破击，取得了满意的战果。

中央纵队由第一军分区司令员杨成武指挥，辖有第二、第三、第十六

团，主要负责破袭正太铁路娘子关至微水段，攻打井陉煤矿。

战斗打响后，第十六团第二营等部队接连攻克了地都、北峪、南峪等日军据点，歼灭了南峪的大部分日军，破坏了日军占据的两座桥梁。第二团攻占了驴岭铁桥东端的堡垒，还一度占领蔡庄日军据点。

中央纵队进攻井陉煤矿这一仗，打得非常漂亮。日军占据井陉煤矿以后，一直把煤矿作为一个重要守备据点。日军在围墙上敷设电网，围墙外还加设了铁丝网，挖了壕沟。围墙内，日军在新矿、老矿、北山等不同角落设置了22个堡垒，以便监视全矿区。

战前，中央纵队按照聂荣臻司令员的指示，派遣小分队潜入矿区，同煤矿工人接上了头。在工人们的掩护下，第三团的指战员切断了矿区电源，在暗夜中发起冲击。

黎明时分，八路军指战员歼灭了矿区的日军警备队一部。第二天下午，第三团官兵全歼守军百余人，解放工人2300多人，占领了主要矿井。在矿工的帮助下，八路军指战员炸毁了14台机器、10个锅炉、5座铁桥、3座风车、2座烟囱以及电机房、火车站等矿区的一些重要设施。

这次破袭，使日军损失达一亿日元，井陉煤矿半年内无法出煤。日军独立混成第八旅团参谋泉可畏翁回忆说："所谓井陉煤即炼铁用的黏结煤，当时是供给满洲鞍山炼铁厂重要的、不可缺少的原料。在井陉三矿中，最重要的是新矿，所受破坏最大，至少半年以上不能出煤。"

8月21日傍晚，日军独立混成第八旅团司令部得知八路军袭击井陉煤矿的消息后，旅团长水原义重少将亲自率领全部14个中队的日军，分两个梯队从石家庄等地星夜兼程，增援井陉煤矿。23日傍晚，当这些日军抵达井陉煤矿时，八路军已经撤离。

8月23日，驻守石家庄的部分日军向西增援。

这时候，华北地区连日下雨，河水泛滥，这给八路军的破袭作战带来了不便。晋察冀军区的部队转移兵力，继续对日军占据的铁路、桥梁、隧道进行全面破击。

在见人就杀、见房就烧的日本侵略者的残酷的"扫荡"之下，聂荣臻领导晋察冀军民坚决反"扫荡"，大家呼喊一个口号：

敌人进村我们出村，敌人出村我们进村；敌人不来时，炸桥梁、毁隧道、烧枕木、割电线；敌人来时，用草人引诱、用手榴弹炸、用石雷轰、用中国人民的聪明才智奋勇反击侵略者。

经过20多天战斗，晋察冀军区各部队共在正太路沿线毙、伤、俘日伪军900多人，攻克10多个据点，破坏了30多公里铁路，18座桥梁，缴获了大批枪支弹药和5门火炮，在兄弟部队的共同打击下，正太路全线一度陷于瘫痪。

正太路是日军华北军事系统的纽带，正太路陷于瘫痪，日军在华北的军事系统仿佛断了脊梁，这就有力地削弱了日军的战斗力。

当时，华北方面军向日本陆军部报告说：

正太路破坏极为严重，规模之大无法形容，敌人采用爆炸、焚烧、破坏等方法，企图对桥梁、轨道、通讯网、火车站设施等重要技术性设备，予以彻底摧毁。在进行破坏时，隐蔽伪装得极为巧妙。

晋察冀军民齐心协力的反"扫荡"行动给华北日军以痛击，使日军在华北的嚣张气焰受到重挫。

破袭日伪军的
交通运输线

1940年8月8日，朱、彭、左3人联名下达的《战役行动命令》明确指出：

刘邓集团以主力8个团附总部炮兵团一个营，破击平定（含）至榆次段正太线，破坏重点是阳泉、张净镇，对元氏以南至安阳段平汉线、德石路、邯大路、榆次至临汾段同蒲线、平遥至壶关段、白晋线、临屯公路，应同时分派足够部队从正面破袭之，阻敌向正太路增援，相机收复某些据点。

对辽平公路应派有力部队积极活动，相机收复沿线某些据点，另以一个团之主力住于潞城襄垣间地区。

"刘邓集团"，就是由师长刘伯承、政治委员邓小平指挥的八路军第一二九师。这是一支英勇善战的部队。自从第一二九师主力挺进冀南以后，在刘伯承师长和邓小平政委的指挥下，仅在1939年1月至3月间就作战100多次，歼灭日伪军3000多人。

其中1月10日上午在威县以南的香城固地区的伏击战，就击毙日军大队长以下200多人，俘虏日军8人、缴获火炮4门，有力地打击了日本侵略者，"刘邓集团"威名大振。

正太路西段，主要由日军独立混成第四旅团大部和独立混成第九旅团部分兵力防守。这一地段内的阳泉是日军独立混成第四旅团司令部驻地。刘伯承、邓小平接到八路军总部的命令后，要求各部队充分做好战前准备。他们

提出，战前部队要"注意休养体力，加强军事教育"，"在休养30天内，每人增加5分菜金"。

当时，第一二九师的前方指挥所设在和顺县石拐镇。

8月18日晚上，刘伯承、邓小平召集有关指挥员在师前方指挥所召开作战会议，布置作战任务。

刘伯承师长强调，部队进行大规模破袭战役，不可避免地要强袭和攻坚日军的据点，要把困难设想得多一些，把准备工作考虑得周到一些。

邓小平政委特别告诫大家，这次行动，参战的地方武装和民兵很多，要派得力干部去组织带领，关心他们的生活和安全，调动他们的积极性。

8月20日，刘伯承、邓小平率领师前方指挥所，进至广阳以南的明水头。

战役第一阶段，第一二九师所属各部队分两路行动。一路是以第一二九师6个团、决死第一纵队两个团，8个独立营的兵力，组成左翼破击队、右翼破击队和中央纵队，攻击正太铁路西段。另一路以两个团会同平定、辽县、榆次等地方武装一起，破击平辽公路、榆辽公路，牵制各据点的日军，保障主力部队侧后的安全。

左翼破击队由第三八六旅所属第十六团、决死第一纵队所属第三十八、第二十五支队组成，主要任务是破击正太铁路山西省内的寿阳至榆次段。

8月20日夜晚，大破袭战打响了。

左翼破击队在第三八六旅陈赓旅长的指挥下，第十六团用5个连队的兵力首先向芦家庄车站发起攻击。芦家庄车站驻有日军原田大队的一个中队，有日军40多人，伪军20多人。战斗打响后，第十六团的官兵一举突入芦家庄，连续攻克了车站外围的4座日军碉堡，歼灭了碉堡内的日伪军，缴枪50多支。

第十六团向榆次攻击的两个连在工兵分队的配合下，炸毁了芦家庄到段延之间的所有桥梁。第三十八团顺利攻占了上湖、和尚足等车站。第二十五团攻克了马首车站。各据点的日军遭到八路军的突然打击，仓皇向寿阳逃跑。

8月21日，天刚破晓，八路军总部就忙碌起来，彭德怀收到了刘伯承师长发来的电报，电报称："陈赓旅连破碉堡4座，全歼守敌。"这是彭德怀收到的第一份告捷电报。紧接着，聂荣臻司令员也来电告捷。

右翼破击队由新编第十旅第二十八团、第三十团组成，主要任务是破击山西省内阳泉至寿阳段的正太铁路。战斗打响后，第二十八团兵分3路，向狼峪、张净、芹泉3个车站的日军据点发起攻击，8月23日，八路军指战员攻克狼峪、芹泉的日军据点。

第三十团的指战员向桑掌和铁炉沟据点的日军发起攻击，歼灭日军130多人，当晚占领桑掌，彻底破坏了桑掌大桥。

当天突然下起了大雨。刘伯承、邓小平命令部队抓住战机，按计划行动，努力破击交通线。

第一二九师总预备队第七七二团两次袭击平定西南的日军据点，歼灭据点内的大部分日军，占领治西。第七六九团把落摩寺的日军连续围困10天，据点内的日军无法突围。8月31日，八路军把该据点内的日军全部歼灭。

8月21日，刘伯承、邓小平命令担任总预备队第十四团抢占狮垴山高地，狮垴山位于阳泉西南4公里处，是正太铁路西段的一处咽喉要地，占领了狮垴山高地，就可以阻止日军从侧背攻击破路部队。当天，第十四团即攻占狮垴山高地，控制了阳泉以西10多公里的铁路线，还对阳泉构成了严重威胁。

日军丢失狮垴山以后，连忙调飞机支援，企图夺回狮垴山。8月21日上午，日军集中了在阳泉的全部兵力，还把在阳泉的数百名日侨民也武装起来，强迫他们参加战斗，向狮垴山进犯。

23日，日由200人增加到600多人，在近20架次飞机的支援下，向坚守狮垴山的八路军发动猛攻，日军还不惜使用化学武器。

第十四团官兵英勇奋战，打退日军的多次进攻，歼灭日军400多人，有力地保障了破路部队侧翼的安全。为了避免不利态势下的决战，第十四团官兵坚守狮垴山6昼夜后，主动撤出狮垴山主峰，以少数兵力继续钳制日军，主力执行新的破路任务。

为了扩大战果，连续打击日军，教育部队，鼓舞士气，第一二九师提出了一些深入指战员心灵深处的战斗号召。其中有"五不"等：

不留一根铁轨，不留一根枕木，不留一个车站，不留一个碉堡，不留一座桥梁，彻底破坏路基。

经过10多个昼夜的战斗，八路军第一二九师的部队控制了正太铁路西段除阳泉、寿阳外的大部分据点和火车站，破坏了大量铁路路轨，炸毁了一些桥梁和隧道。正太铁路线上，许多地段被八路军指战员夷为平地，被日军看

刘伯承师长和邓小平政委 ▼

做"钢铁封锁线"的正太铁路成了一条瘫痪的死路。

8月23日，朱德、彭德怀、左权和八路军政治部主任罗瑞卿、副主任陆定一联名致电聂荣臻、贺龙、关向应、刘伯承、邓小平，嘉奖部队官兵，要求继续扩大战果。

八路军首长的嘉奖鼓舞了前线指战员的士气和信心，破袭正太铁路的战斗打得更激烈了。

刘伯承反复告诫部队指战员："对正太路破坏得越彻底，我们就越主动。"

刘伯承要求各破路纵队的负责人必须亲自察看重要设施的破坏情况，破坏不够彻底的，要组织力量彻底破坏。

根据8月8日的《战役行动命令》：

参加破袭战的八路军指战员（雕塑）

贺关集团应破袭平遥以北同蒲线，及破坏同蒲线及汾离公路。应以重兵置于阳曲南北，阻敌向正太线增援。该集团原拟一个团在阳曲以南配合作战，兵力较小，应加强之。

如汾河可能徒涉时，该集团阳曲以南配合作战部队，应力求以约两个团之兵力进至榆次南北地区，直接加入刘邓集团作战，并归刘

040

邓直接指挥之，对晋西北腹地内各个敌之据点与交通路，应分派部队积极破袭，相机收复若干据点。

"贺关集团"，即八路军第一二〇师暨晋西北军区司令员贺龙、政治委员关向应指挥的部队。八路军第一二〇师主力根据八路军总部的命令，挺进冀中，在贺龙、关向应的指挥下，积极开展敌后游击战争，牵制日伪军。

1939年2月2日清晨，当200多名日伪军向肃宁方向进犯时，八路军指战员突然发起攻击，歼灭日伪军150多人。两天以后，当近1000名日伪军从河间西犯时，八路军指战员依托村落进行抗击，毙伤日伪军300多人，粉碎了日伪军的围攻。

3月初，当200多步骑兵向黑马张庄进犯时，预先设伏的八路军勇士们突然发起攻击，把这些日伪军歼灭，威震冀中。

大破袭战开始后，贺龙、关向应集中20个团的兵力，精心指挥，严格要求，组织部队对同蒲铁路北段和铁路以西的日伪军据点和一些主要公路进行破袭。

1940年8月21日零时30分，第三五八旅第四团第二营向静乐县的康家会日军据点发起攻击。康家会位于忻静公路上，驻有日伪军50多人。康家会东北的石神，有30多名日伪军，康家会西南的静乐，有100多名日伪军。

为了拔除忻静公路上这个最大的日军据点，第三五八旅精心筹划，以第四团一个营的兵力进攻康家会，以两个营的兵力预先埋伏在康家会以东的炭窑沟、青龙庄之间地域，一旦驻于石神的30多名日伪军前来增援，即有足够的兵力将其歼灭，另以第七一六团埋伏在康家会以西的砚湾，以对付静乐方向的日军。

战斗发起后，康家会据点的日伪军自知势单力薄，急忙向石神和静乐等据点的日伪军求援。当静乐方向的40多名日军乘两辆汽车前来增援时，被第七一六团的官兵在途中阻击，将其全部歼灭。石神据点的日伪军增援康家会时，也在途中遭到阻击，未能接近康家会就被八路军歼灭了。康家会据点的

日伪军孤立无援，失去战斗信心。

8月21日拂晓，该日伪军被第四团第二营的官兵全部歼灭了。康家会战斗结束后，第三五八旅又以第四、第七一六团各一部向丰润据点的日伪军发起袭击，乘胜扩大战果。

8月25日凌晨，八路军指战员顺利攻占了丰润山上的日伪军碉堡，取得了又一个胜利。

战斗结束后，八路军指战员发现丰润山下大庙内聚集了不少日军，正当他们准备组织火力对日军袭击时，日军的增援部队赶到了，第四、第七一六团的指战员即撤出战斗。

8月23日，第七一六团的官兵两次袭击寨子村。第二团官兵在当地群众的配合下，破袭公路，伏击离开据点的日伪军，袭击石门鄂、寺圪塔等日伪军据点，取得了可喜的战果。

大破袭战开始以后，在晋西北战场上，八路军第一二〇师的官兵连续作战180多次，歼灭日伪军800多人，攻克了阳方口、康家会、丰润村等日伪军据点，一度切断了同蒲铁路北段的日军交通线，牵制了同蒲铁路附近的大量日军，与在正太路作战的晋察冀军区和第一二九师互相配合，东西呼应，提高了作战效果。

正太铁路沿线的日军到处遭到八路军的打击，接连数日陷入混乱状态。但是，当日军基本查明战场情况以后，即紧急调动兵力进行反扑。

8月25日，日军独立混成第四、第九旅团与部署在白晋铁路、同蒲铁路南段的第三十六、第三十七、第四十一师团的部分兵力的配合下，向第一二九师反扑。独立混成第八旅团在与冀中、冀南抽调来的约5000日军的配合下，向晋察冀军区的部队反扑。八路军担任破袭战的各部队在继续破袭日军交通线的同时，抽出兵力对付日军的反扑。

八路军总部考虑到破袭正太路的第一步战役目标基本实现，于8月26日下达了第二步行动方案，要求各部队乘胜在正太路两侧开展战斗，力求收复深入各个根据地内的某些据点，继续坚持正太路的游击战。

8月27日和29日，八路军总部再次强调，在继续执行破路任务的同时，要集中优势兵力歼灭日军。当日军离开据点出犯，当日军以一个营以下的兵力外出增援时，要集中兵力坚决将其歼灭。

8月31日，八路军副总司令彭德怀发出继续扩大战果的建议电，建议把晋察冀、晋西北、晋冀豫抗日根据地连成一片。

但是，日军利用现代化的交通工具迅速调整兵力，陆续增援正太铁路沿线各据点，向八路军破袭部队进行疯狂反扑。

9月初，日军在正太路东西两端集聚了20000多官兵，企图从东西两面对八路军进行夹击。日军驻太原的空军连续出动，一面猛烈轰炸八路军阵地，一面多方设法联络日军的地面部队，协调地面作战。

在这种情况下，彭德怀和左权看到，"扩大战果已不可能"。9月2日，八路军总部命令，从9月3日起结束正太战役，各部队根据8月26日命令明确的

八路军缴获的日军武器及用品 ⬇

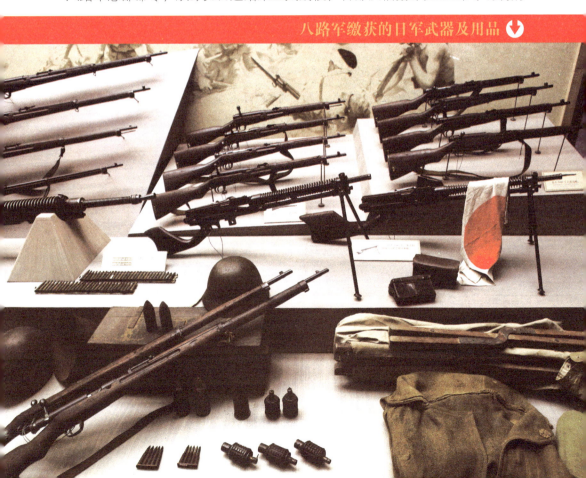

行动方针转移兵力，准备实行第二步作战计划。

八路军总部把握时机、稳打稳扎的指挥，使部队在敌情变化的情况下仍在全局上掌握了主动。八路军在转移兵力过程中，又打了一系列胜仗。

9月2日，日军集中第三十六、第三十七师团和独立混成第四、第九旅团各一部兵力，共8000多人，向正太铁路南侧的安丰、马坊地域的八路军进攻。

当时，第一二九师师指挥所离日军来袭方向不远，刘伯承师长冷静地分析了敌情，迅速集中4个团的兵力抗击日军。这4个团的指战员不负众望，英勇地阻击日军，毙伤日军200多人，掩护师领导机关安全转移。

9月5日，日军第三十六师团永野大队600多名日军从太谷出发，向榆次北面的双峰镇进犯。

刘伯承得知这一情报以后，命令第七七二、第二十五团从北向南进击，第十六、第三十八团由南向北进击，两路夹击这股日军。

9月6日，第一二九师第三八六旅两个团、决死第一纵队两个团，把驻榆次西北双峰地区的日军一个营包围起来，经过激烈的战斗，7日拂晓，歼灭永野大队长以下日军400多人。

为了策应第一二九师的行动，晋察冀军区集中4个团的兵力，主动向正太铁路北侧盂县地区的日军出击。

第二军分区所属第十九团于9月5日晚赶到上社附近地域，与第二军分区特务营配合作战，截断了从下社和上社据点出逃的日军的道路。

6日早晨，在兴道村把这股日军包围起来。日军负隅顽抗，经过近5个小时的激烈战斗，大部分被歼灭，只有80多名日军逃到罗里掌山。

谁知，八路军第十九、第五、第十六团的部分指战员早已在罗里掌山设下了包围圈，这80多名日军逃出一个包围圈，又陷入另一个包围圈。

9月9日夜晚，雾越来越浓。八路军指战员向被围日军发起攻击，歼灭日军40多人。在大雾中，少数日军突出包围圈，逃进盂县据点。

9月10日，八路军总部命令各部队结束第一阶段作战，部队进行休整，准

备再战。

百团大战胜利的消息传到延安，毛泽东立即给彭德怀回电：

百团大战真是令人兴奋，像这样的战斗是否还可以组织一两次。

百团大战第一阶段，八路军部署周密，准备充分，行动突然，各部队猛烈破击日军占领的交通命脉，取得了重大胜利。正太铁路井陉至寿阳之间的所有桥梁、隧道都被炸毁，拆除了路轨、枕木，破坏了通信设备。沿途村庄，居民或逃走，或被八路军带走，房屋皆空。

沦陷区的人民群众看到八路军成功地破袭日军的交通线，非常振奋，自发地组织起来，支援八路军作战。

日军一名参谋在日记中写道：正太路沿线各小据点，大半已被消灭。可以望见沿线制高点八路军瞭望哨。

刘伯承师长9月20日在榆次以南的宋家庄第一二九师前方指挥所作《百团大战第一阶段战役总结》时，指出了这次战役的六大意义，即：

提高了全国军民的抗战信心；振奋了敌占区民众，推动了瓦解敌伪军的工作；团结了友军，取得了威信；打击了敌人的南进计划；在国际上产生了积极的影响；锻炼了军民，积累了作战经验。

摧毁日伪军的
碉堡据点

1940年9月16日，朱德总司令、彭德怀副总司令、左权参谋长联名下达了战役第二阶段作战命令。

这项命令提出，第二阶段作战，基本目的是扩大战果，基本方针是继续破坏日军的交通线，摧毁深入抗日根据地内的日伪军据点。作战部署和主要任务是：

> 第一二〇师以截断同蒲北段交通之目的，主要是集结主力破击宁武至轩岗段同蒲路而彻底毁灭之。
>
> 晋察冀军区以开展边区西北方面工作之目的，主要是集结主力破袭涞灵公路，夺取涞源、灵丘两座县城，并以有力一部在同蒲路东侧配合第一二〇师作战。
>
> 第一二九师以收复榆社辽县之目的，开展榆辽地区斗争，以重点破击榆社、辽县公路，并以有力一部不断破击白晋铁路北段。
>
> 冀中、冀南的部队，要打击日寇修筑沧石路、石德路、邯济路，集中力量破坏各路段及前线路基。
>
> 挺进军应以有力部队在平汉路北段、平绥路以及北平城郊积极活动。
>
> 八路军总部要求，第二阶段之作战统于本月20日开始战斗。

根据八路军总部的部署，战役第二阶段主要进行了涞灵战役、榆辽战

役、破击同蒲路作战。那一段时间，华北战场的战斗日夜不息，日本侵略军的经济网、封锁网和交通线受到全面打击，日伪军占有的煤矿、电厂、铁路、桥梁、公路、车辆和电讯都遭到破坏，许多车辆被击毁，军事设施接连发生爆炸。

涞灵战役，主要是攻打河北省的涞源与山西省的灵丘两城为主的一系列战斗。涞源、灵丘及其附近地区，驻有日军独立混成第二旅团和日军第二十六师团。独立混成第二旅团司令部驻在张家口，步兵第四大队驻在浑源地区，步兵第三大队驻在蔚县、涿鹿地区，步兵第二大队驻在怀涞、延庆地区。

日军第二十六师团是三单位制的乙种师团，师团司令部驻在大同，第二大队驻在灵丘地区，第一大队驻在涞源地区，第三大队驻在应县地区。这两部分日军共约1500人。另有伪军1000多人。

晋察冀军区根据八路军总部的命令，集中8个团、3个游击大队、2个独立营，组成左翼队、右翼队和预备队。其兵力组成和任务区分是：

右翼队由第一、第二、第三、第二十、第二十五团，游击第一、第三支队，第一军分区特务营，军区骑兵第一团一个营等部队组成，总兵力约15000人，由杨成武将军指挥，重点攻击涞源县城及其附近的日伪军据点，打其增援，同时要协助左翼队相机夺取灵丘。

左翼队由第六、第二十六团，察绥游击支队组成，总兵力约5000人，战役初期的主要任务是阻敌增援，尔后同右翼队配合，夺取灵丘及其附近的日伪军据点。

总预备队由一个步兵团担任。此外，对冀晋察挺进军、第二军分区第四团、冀中军区等部队，都明确了相应的任务。

9月22日22时，两颗红色信号弹腾空而起，攻城战斗开始了。

右翼队向据守涞源城及其周围据点的日伪军发起攻击。战斗越来越激烈，天明时分，八路军已经夺占了涞源城的东关、西关和南关以及两个外围据点，日军被迫退入城内。八路军指战员原想一鼓作气攻下涞源城，再歼灭外围的日伪军据点，但是，这个目的未能如愿实现。

　　涞源县城面积小，方圆不到两公里，但城墙位于高坡之上，是用巨大的条石建造的，高而坚固，城关地势低洼。多年来，日伪军不断加固城墙，全城就像一座大碉堡，攻城等于是破碉堡。

　　晋察冀军区的攻城部队虽然在兵力上占有绝对优势，但是由于部队缺乏攻城的有效器材，加之日军顽强抵抗，部队激战一昼夜，未能将城攻克。

　　9月23日，晋察冀军区首长决定，先拔除涞源外围的日伪军据点，再攻克涞源。

　　第一个要拔除的外围据点是三甲村。三甲村位于涞源城东10公里，是涞源至易县公路上日军的一个重要据点。9月23日夜晚，第二团指战员在第一团一个营以及炮兵的配合下，向三甲村发起猛烈攻击，歼灭了三甲村据点的日伪军。

侵华日军修的碉堡

另一个要拔除的外围据点是东团堡。东团堡距涞源城25公里，是涞源东北日伪军的一个重要据点。东团堡筑有环形防御工事，由日军第二混成旅的一个教导队共130多人防守，这些日军全部是从各部队挑选来的士官，经过严格训练，武器精良，战斗力比较强。据点内的翻译官金井，是朝鲜人，他在中国共产党地下工作者的多次劝说下，对抗日斗争曾表示同情。

晋察冀军区第三团的指战员向东团堡据点发起攻击以后，日军不仅以猛烈的火力还击，还不断施放毒气，给攻城的八路军带来严重威胁。八路军指战员发挥勇敢战斗的精神，组织力量，加强战斗动员，连续攻击东团堡守敌。

9月24日，战斗更加激烈。傍晚，八路军攻下了东团堡周围的全部堡垒，日军被迫退到村中，凭借数间房屋继续抵抗。9月25日，东团堡的日军自知难以固守，即把库存的武器、弹药、粮食等作战物资全部烧毁，准备突围。就在这时，八路军指战员抓住日军无心防守的心理弱点，发起猛烈攻击，将日军大部分歼灭。少数日军看到无法突围，竟然向自己点燃的熊熊烈火中奔去，以自焚结束了一生。

东团堡歼灭战，打击了日军的锐气，振奋了八路军的雄风。至9月26日，右翼队的其他部队相继攻克了桃花堡、吉家庄、白石口、王喜洞、张家峪等13处日伪军据点，集中力量攻克涞源的时机成熟了。

9月27日，右翼队集中兵力猛攻插箭楼。插箭楼位于涞源城南15公里处，有日军一个中队守卫。攻击发起后，八路军指战员很快摧毁了多处碉堡，击毙了大部分日伪军。右翼队拔除了涞源外围的几个重要据点，准备再攻涞源的时候，敌情发生了重大变化。

驻守涞源的日军遭到晋察冀军区的部队攻击以后，立即向驻在张家口的日军求援。9月23日，3000多日军搭乘汽车，在20辆坦克、4架飞机的掩护下，从张家口方向出发，南下增援。

24日，日军独立第二混成旅团旅团长与一中将率领部队从蔚县出发，南下增援。由于道路被抗日军民破坏，沿途又不断遭到抗日武装的袭扰，日军行动迟缓。

蔚县至涞源的80公里路程，日军车队艰难地行使了5天，平均每天只行进16公里。

28日中午，3000多日军才进抵涞源县城。右翼队根据日军兵力的这一重大变化，遂不再硬攻涞源，转移兵力、部队向灵丘、浑源方向运动，协同左翼队攻占了南坡头、抢风岭、青磁窑等日军据点。

10月1日，八路军已攻克的一些据点，又被日军占领。2日，军区首长命令右翼队主力在涞源以东和东南地区集结，临时休整；命令第一、第三团配合左翼队发动灵丘战役。第一、第三团灵丘籍士兵较多，配合左翼队作战更为得力。

7日，左翼队向灵丘至浑源之间公路上的各个据点同时发动攻击，破坏了日伪军的军事设施和公路，歼灭守敌两个步兵大队。8日，晋察冀军区第一团第一营趁南坡头据点的日军主力外出袭击八路军之际，悄悄地向南坡头发起攻击，攻克南坡头，歼灭了据点内的日伪军。

在激烈紧张的战斗中，晋察冀军区突然发现一个重要情况。9月22日，《抗敌报》第三十五期发表了一篇社论，无意之中泄露了百团大战第二阶段的作战企图。

在敌我双方激烈的搏杀中，泄露作战企图将造成非常严重的后果。从战场态势看，日军纠集了1300多官兵，从灵丘方向和浑源、广灵方向南下，企图向抗日军民反扑。

10月9日，驻大同的1000多名日军南下，增援灵丘。军区首长判断，日军可能趁八路军攻打涞源、灵丘之际，对抗日根据地进行新的"扫荡"。在这种情况下，晋察冀军区必须根据敌情的变化，调整作战部署。10日，晋察冀军区决定结束涞灵战役，部队进行适当休整，做好反"扫荡"的各项准备工作。

涞灵战役，晋察冀军区的部队虽然未能收复涞源县城，却有力地打击了日军的有生力量，先后攻克日伪军据点16处，摧毁碉堡114座，歼灭日伪军1600多人。日军独立混成第二旅团步兵第四大队所属1000多人，被晋察冀军

民歼灭约700人。

涞灵战役期间，冀中军区集中10个营、共约8500人的兵力，发起任河大肃战役。晋中军区司令员吕正操将军回忆说：

> 在整个战役过程中，敌人曾不断对我活动中心地区的二十三团进行合击，但我内线外线部队密切配合，使敌人顾此失彼，完全陷于被动。

在近20天的时间里，冀中军区的部队英勇作战112次，连续攻克东固贤、良村、西刘庄等29个日伪军据点，以伤亡573人的代价，歼灭日伪军1456人，其中毙伤日军805人、伪军322人，俘虏日军3人、伪军326人，缴获迫击炮1门、轻重机枪6挺，破毁铁路5公里、公路159公里。任河大肃战役，有力地钳制了日伪军的兵力，巧妙地配合了涞源地区的作战。

榆辽战役，是在山西省的榆社和辽县之间地域进行的一系列战斗。从山西阳泉南下，经过平定、和顺、辽县到达榆社的这条公路，是日军突入太行山根据地最长的一条公路，其中榆社到辽县之间地段，全长45公里，日军在沿线设置了8个据点。

守卫榆辽公路的日军主要是独立团混成第四旅团第十三大队，约1000多人，分驻于榆社和辽县之间公路地域。在和顺、昔阳至榆社之间的地域，驻有两个大队，这些兵力与榆辽公路的日伪军相互呼应。

八路军第一二九师首长根据战役意图，把参战部队组成左翼队和右翼队。左翼队由第三八六团和决死第一纵队各两个团组成，主要任务是攻占榆社、沿壁、王景等据点。

右翼队由第三五八旅附第三十二团组成，主要任务是攻取管头、小岭底等日伪军据点，以部分兵力守卫辽县以西的狼牙山，阻击日军向西增援。

此外还以新编第十旅组成平辽支队，主要任务是破袭平辽公路；以太岳军区第十七、第五十八团组成沁北支队，主要任务是破击白晋路沁县至分水

岭地段。

在变幻莫测的战争中，军事家常常采用声东击西的方法，达成战斗的突然性。八路军第一二九师在榆辽战役之初，为了迷惑日军，刘伯承、邓小平运筹帷幄。

9月20日，即以部分兵力突然袭击长治机场，击毁日机3架，击伤日机一架，破坏了部分机场设施。正当日军把注意力放在防护长治机场上时，另一场更大规模的战斗又悄悄地开始了。这就是刘伯承、邓小平指导战争的高明之处。

9月22日，刘伯承、邓小平在宋家庄师指挥所下达了进行榆辽战役的命令，决定以突然袭击的手段摧毁榆辽公路上的日军据点，进攻辽县，相机收复辽县。这份命令特别指出：

> 如某些据点之敌较久顽抗时，则以各种必要手段，如强袭、坑道作业等，力求克复之。

9月23日夜晚，榆辽公路上袭击日军各个据点的战斗一齐打响了。右翼队顺利攻占榆辽公路上的小岭底、蒲上等日军据点。左翼队一部攻克沿壁、王景等日军据点，主力向驻守榆社的400多名日军发起攻击。

9月24日，左翼队经过一夜激战，攻占了榆社城的大部分地区，残敌退向榆社中学，这是日军设在榆社的一处核心阵地。日军凭借坚固工事，依仗有飞机掩护，负隅顽抗，不时地施放毒气。

八路军攻城部队连续发起3次强攻，都没有把榆社城攻破。指战员们遵照刘伯承的指示，仔细分析敌情后，决定改进方法，采用紧迫作战。这时候，部队一面继续对残敌进行攻击，一面组织人员挖坑道，并把坑道逐渐挖到日军的核心阵地。

9月25日16时，一段隐蔽的坑道终于挖到了日军的碉堡底下。随着一声惊天动地的爆炸声，日军主碉堡西南面的外围工事被炸毁了。

　　早已等候在工事旁的突击队员冒着烟雾，迅速冲向日军主碉堡，一架架云梯很快架到12米高的碉堡上，手榴弹雨点般地落在碉堡里。碉堡内的日军正被巨大的爆炸声惊得失魂落魄，哪里想得到八路军的攻击来得这样突然。

　　经过一番艰苦的战斗，八路军攻占榆社县城，歼灭日军中队长以下400多人，缴获各种火炮12门，轻重机枪17挺，步枪200多支。

　　9月27日拂晓，右翼队向辽县以西的石匣发起攻击，激烈的战斗一直进行到天黑，八路军指战员占领了石匣。

　　9月28日，左翼队和右翼队调整部署，准备协同新编第十旅进攻辽县。这时候，驻在和顺、武乡的日军同时出动，援助辽县。

　　由于敌情变化，八路军总部命令部队停止进攻辽县，以一部兵力牵制南下之敌，其余兵力转移，准备在红崖头、官地垴地区伏击日军。第一二九师根据八路军总部的命令，即组织部队转移，并于29日24时将管头的日军据点攻克。

　　9月30日，天气晴朗，上午9时，左翼队第三八六旅的部队进至红崖头以南的山地，右翼队第三八五旅两个团的官兵正向伏击地域开进时，从武乡出动的600多名日军意外地进入预定伏击地区，日军的先头部队正好与右翼队的官兵在途中遭遇。

　　两军相遇勇者胜。八路军有勇敢战斗的优良作风。第三八五旅的指战员途中遭遇日军，很快占领有利地形，同日军激战。左翼队第三八六旅迅速向日军的后尾和侧翼发起攻击。

　　日军指挥部得知增援部队在途中遭遇八路军，陷入四面包围之中，立即调了8架飞机来掩护。被围日军看到空中转来转去的飞机，即命令部队抢占周围高地，负隅顽抗。

　　八路军指战员向被围日军连续发起十多次攻击，激烈的战斗进行了数十小时，歼灭了数百名日军，其余日军依托已经占领的有利地形，继续顽抗。

　　正当两军在临时阵地上处于对峙状态时，日军的增援部队赶到了。原来，从和顺、辽县西援的500多名日军一路急行军，向狼牙山的阻击阵地发起

猛烈进攻。担任阻击任务的第三十二团官兵利用有利地形，坚决抗击。

这路日军见从正面难以突破，就以主力迂回到狼牙山主阵地的侧后，这对担任阻击的八路军构成了严重威胁。9月30日上午10时，日军突破了狼牙山的阻击阵地，向左翼队指挥所附近逼近。

八路军总部看到，辽县、武乡的日军已经会合，从阳泉南援的1000多名日军已经抵达辽县以北地区，战场情况发生重大变化，决定结束榆辽战役。部队撤出战斗后，榆社又被日军占领了。

10月5日，刘伯承通知第三十二团团长宗书阁、政委李震、副团长周明国到师部汇报狼牙山阻击战情况，3人心情沉重，以为肯定要受到刘伯承的批评。谁知刘伯承热情地说，请你们来，主要是总结作战经验。中午，刘伯承在饭桌上又嘱咐他们说：

你们回去告诉大家，部队打得很好，要多鼓励，不要轻易批评。干部间要讲团结，共同总结经验教训，不要互相埋怨。

你们都还年轻，不要因为一仗没有打好就背包袱，来日方长，努力学习军事知识，钻研战略战术，这对团以上的指挥员来说尤为重要。

刘伯承一番话，语重心长，既是总结，又有要求，说到了3名指挥员的心坎里，是对打赢下一场战斗的深刻动员。

10月14日，日军的一支运输部队在和顺至辽县之间的公路上行进。八路军得知这一情报后，事先在弓家沟设伏。当日军的运输队经过八路军伏击区时，遭到猛烈打击，40多辆汽车被击毁。

榆辽战役，日军独立混成第四旅团遭到八路军第一二九师指战员的歼灭性打击，先后被歼灭近1000人，仅100多人得以幸存。榆社城内日军储备够用一年的粮食武器和弹药，全部被八路军缴获。

贺龙接到八路军总部的电报以后，考虑到晋西北的日军正被八路军打得

晕头转向，应抓住战机继续给予打击，部队行动不一定要待到9月20日。为此，贺龙向彭德怀请示，第一二〇师可否提前于9月15日开始行动。

彭德怀看了贺龙的电报以后，表示完全同意第一二〇师在9月15日破击忻宁段同蒲铁路的计划。此前，彭德怀给贺龙的复电中曾指出：

连日，增援正太路之敌正在该路以南与刘邓集团作战，该路以北聂集团连日收复会里村、上下村、兴道等据点，正围攻盂县中，你们乘此机会破击极好。

为了配合涞灵、榆辽地区的作战，第一二〇师首长决定，组织部队再次破袭同蒲路北段，要求第三五八旅破击原平至宁武地段，独一旅破击忻县至原平地段，特务团掩护后方联络。战斗中，前线各部队统由第三五八旅指挥。

9月14日，第三五八旅从娄烦以西地区出发，向马家沟集结。百团大战开始以来，同蒲铁路遭到八路军袭击后，日军已经在铁路两侧的一些重要据点集结兵力，设置多种障碍。这次破袭，八路军必须先扫清前进道路上日伪军设置的障碍。

9月18日午夜，第三五八旅所辖第七、第八团、特务营官兵开始袭击头马营。旅首长考虑到日军可能增援，即以特务营向头马营据点发起攻击，以第七、第八团在日军可能增援的地域设伏。

战斗发起后，宁化堡40多名日军果然在19日黎明时向头马营增援，行至山寨村时，被八路军第七、第八团包围，全部被歼灭。一场战斗，战前谋划周到，胜利就来得更快。

9月16日夜晚，独立第一旅东渡汾河。

18日，将刚进入上庄据点的400多名日军包围，13时发起攻击，激战至19日凌晨，旅主力撤出战斗，执行新的破袭任务。这次战斗，独一旅毙伤日军约200人，自己伤亡105人。

9月22日夜，第三五八旅第四团与师特务团一起，在同蒲铁路段家岭、轩

岗之间进行破袭。第二团袭击奇村日伪军据点。

9月25日，第七一五团破坏了大牛店、轩岗之间的铁路。

第一二〇师官兵经过连续多天的破袭战，有力地打击了日寇，同蒲铁路的交通再次中断，使日军蒙受重大损失。

10月15日，日军华北方面军向日本陆军省报告战况时，不得不承认，"石太线被破坏之广泛及其规模之大，远非其他地方可比"。

华北方面军在当时的《作战记录》中记载：

> 盘踞华北一带的共军，根据十八集团军总司令朱德的部署，发动了所谓百团大战，于昭和十五年8月20日夜同时奇袭我交通线及生产基地。
>
> 尤其在山西，其势甚猛。袭击石太路及同蒲路北段警备队的同时，并炸毁和破坏铁路、桥梁及通信设施，使井陉煤矿等的设备，遭到彻底破坏。此次袭击，完全出乎我军意料之外，损失甚大，恢复建设需要相当长的时间与大量资金。

百团大战第二阶段，攻坚战多了，破袭战比第一阶段少了。涞灵、榆辽战役，给日军以重大打击。

由于战争全局尚未发展到坚守重要城镇的阶段，八路军攻涞源未克，及时转移兵力进行破袭战；随着敌情变化，放弃一些已经被攻克的日军据点，转而在运动中寻求战机，在游击中歼灭日伪军。

这不仅使自己始终处于主动地位，使日军始终处于被动挨打的境地，更重要的是在抗日战争的实践中创新了战役战法，丰富了战争艺术的宝库。

10月2日，彭德怀、左权、罗瑞卿、陆定一致电"各兵团并报军委总政"，肯定了战役成果。电文指出：

> 百团大战一二阶段取得了伟大胜利，开辟了华北大规模进攻

的新纪录，证明了敌人的交通线与据点不是牢不可破的，大大地削弱、沮丧与疲劳了敌人，兴奋了全国，提高了我党我军地位。

打击了投降派，巩固与开拓了根据地，锻炼了党政军民，提高了部队战斗力，保证了秋收秋耕，缴获了许多军需资材，对于百团大战的胜利任何估计上的悲观失望都是极端错误的。

电文同时提出：

目前敌寇正集中力量进攻西安、云南、重庆，这正是开展华北战局的良机。我们的任务是再接再厉，扩大胜利，只有这样才能大量吸引敌人，真正做到破坏其进攻昆明、重庆、西安的战略计划，争取时局的好转。只有这样才能真正缩小敌占区，巩固抗日根据地。

百团大战第二阶段摧毁日伪军碉堡据点的战斗暂告一个段落。

粉碎日军的"大扫荡"

华北地区的日军遭到八路军近两个月的连续打击以后，深深感到八路军对其华北驻军的威胁。

为了稳定华北的局势，维护其在华北的利益，从10月上旬开始陆续调集重兵，对华北各抗日根据地进行残酷的"扫荡"。日军所到之处，大肆烧杀、奸淫掳掠，残暴至极。

在这种形势下，发扬连续作战的精神，坚决反"扫荡"，成为八路军的主要任务。百团大战发展到第三阶段，在作战样式上由破袭战演变为反"扫荡"。

1940年10月19日24时，朱德、彭德怀、左权联名下达了第三阶段的作战命令。命令指出："百团大战后敌抽集兵力向我大肆'扫荡'"，"各部应注意速做反'扫荡'的准备"。八路军首长提出的准备工作主要有以下4项：

1.敌人对我采取空前毁灭政策；我党政军民密切配合，深入战争动员，领导空室清野。

2.军队应集结适当位置，休整准备坚决歼敌一至二路，广泛开展游击战争，打击敌人，分散部队。

3.为了保持长期不断战争，注意兵员补充。

4.各部队应有粉碎敌人扫荡而配合作战，互相策应，共收战争胜利之功。

　　根据八路军总部的部署，华北抗日根据地展开了一场悲壮激烈的反"扫荡"战斗。抗日军民打击日本侵略军的号角又吹响了。

　　太行根据地是中共中央北方局、八路军总部所在地，也是日军重点"扫荡"的一个地区。

　　10月6日，驻于冀西武安的800多名日伪军，开始对阳邑一带进行"扫荡"。"扫荡"是一种极其野蛮、残酷的侵略行为。日军的战斗编队中，就有烧毁各种设施的放火队；有搜索、挖掘埋藏物资的搜索队；有负责搜山、清乡，捉获群众的捕捉队。日本侵略军在大"扫荡"中，妄图以野蛮的"三光"政策摧毁抗日根据地。

　　10月11日，日军调集了3000多人，分两路对太行根据地的榆社、辽县、武乡、黎城之间地区进行大规模"扫荡"。其中，日军独立混成第四旅团一部兵力，从武乡出发，第三十六师团一部兵力，从潞城、襄垣出发，南北策应，"扫荡"抗日根据地。

　　日本鬼子每到一地，就对根据地的兵工厂、被服厂、医院、学校、房屋、粮食、耕畜、生产工具乃至水井、水源等，全部进行彻底破坏，对于被捕的女性则强奸、轮奸，直到践踏致死；对于被捕的男性，或者充当苦役，或者全部杀死。

　　八路军指战员内外线配合，坚决打击日军。第一二九师第三八五、第三八六旅，决死第一纵队等部队在内线阻击，新编第十旅在外线作战，互相策应。

　　10月15日上午，新编第十旅两个团抓住战机，在和辽公路弓家沟地段设伏，突然袭击日军汽车队，击毁日军汽车40多辆，歼灭押车日军400多人。日军遭到这次歼灭性打击后，半个月都不敢在和辽公路上进行运输了。

　　10月14日，八路军总部从王家峪村转移到砖壁村，砖壁村的地形比较隐蔽。紧张的反"扫荡"开始后，彭德怀率领八路军总部指挥机关，转驻黎城县栓马、宋家庄一带。

　　10月20日，日军第三十六师团、独立混成第四旅团近万人，分别从武安、辽县、武乡、潞城等地出发，开始更大规模的"扫荡"。

这次"扫荡",日军的意图很明显,矛头直指中共中央北方局、八路军总部机关、第一二九师师部、晋察冀边区党政机关所在地。

这时候,根据地军民刚刚打退一次"扫荡",没有预料到日军的第二次"扫荡"来得这么突然,兵力又这么多,主力部队还没有来得及转移到外线,一时处于被动地位。日军进入合击区的数日里,到处进行疯狂的"清剿"、烧、杀、抢,残暴至极。

在冀晋边界,日军为了搜索抗日军民的物资,在可疑的地方掘地三尺,洗劫之后,还实行严密封锁。

更为凶残的是,日军在北迄五台山南台脚下的石咀,经门限石、耿镇、高洪口、东峪口、柏兰至下社、上社等地,南北长50余公里、东西宽30余公里的区域,血腥制造了一个无人区,在这一区域内,村庄焚尽,水源破坏,资财掠空,树木砍光,人民群众不是被抓走,就遭到屠戮,尸骨横野,血流遍地。

为了摆脱被动局面,八路军总部和第一二九师首长决心寻求战机,坚决歼灭一路日军,震慑其余日军。广泛发动人民群众,大量歼灭日军有生力量,是根据地军民反"扫荡"的一项最有效的手段。第一二九师关家垴战斗,给"扫荡"的日军以歼灭性打击。

10月下旬,日军第三十六师团

所属岗崎大队500多名官兵，向八路军总部附近的水腰兵工厂附近进犯。彭德怀当时正在黎城指挥部，得知这一情报后，非常恼火，命令部队密切监视这路日军的动向。

水腰兵工厂位于太行山脊黎城县的黄烟洞谷中。黄烟洞四面都是险峰，只有南面有一条天然的裂缝，人们进出都要通过这条裂缝。八路军在敌后作

抗战士兵（雕像）⬇

战，武器弹药的补充十分困难。1939年，朱德、彭德怀、左权等八路军领导人亲自察看地形，决定在黄烟洞谷中建造一个兵工厂。

于是，八路军指战员精心设计，把总部的军械所搬迁到黄烟洞谷中，经过艰苦创业，终于发展成为一个月产400多支步枪和大量弹药的兵工厂，用来解决八路军频繁作战的需要。现在，彭德怀得知花费许多心血建设起来的兵工厂受到日军的袭扰，怒上心头。

10月26日，岗崎大队500多名日军遭到根据地军民的袭击后，从黄烟洞向左会、刘家咀等地进犯。彭德怀命令第一二九师集中主力，坚决歼灭该部。

10月29日，日军进到武乡县蟠龙镇以东的关家垴高地宿营，准备返回武乡。第一二九师首长抓住战机，以第三八五、第三八六旅，新编第十旅主力，决死第一纵队两个团，迅速出击。

指战员们早已摩拳擦掌，听到刘伯承师长和邓小平政委的一声号令，像猛虎下山，在关家垴高地把日军包围起来。当晚，八路军总部发出命令，要求坚决歼灭该部。八路军指战员连夜进行总攻前准备，决定于30日凌晨发起攻击。

关家垴高地三面都是断崖，通向顶部的坡路很窄，是唯一的进攻道路。坡上那个小村子里，原来住着10多户人家，日军开始"扫荡"后，这些人家早就搬走了。

日军遭到八路军的围困以后，为了摆脱被歼灭的命运，半夜里突然以一个中队的兵力袭击关家垴西南面的风垴顶高地，占据风垴顶高地。关家垴和风垴顶两个制高点，互为犄角，日军占据这两个制高点后，立即构筑工事，固守顽抗。

战斗发起前，第三八六旅旅长兼太岳军区司令员陈赓对彭德怀说："彭老总，现在拼了，以后怎么办？可以把岗崎放下山去，另选有利地形，打他的伏击嘛!"

彭德怀没有接受陈赓的建议，他要求总部特务团参加攻坚战。攻击发起前数小时，左权参谋长召集八路军总部特务团营以上干部布置作战任务，要

求特务团提前发起进攻。左权布置完任务后说：

> 我们之所以要在凌晨3时前发起进攻，是因为日军在我们的围困下已经疲惫不堪。眼前这两股日军刚刚构筑完工事，现在是最疲劳的时候。我们作战就是要趁日军失去警惕的时候去突然偷袭，这样才有胜利的把握。

10月30日凌晨，第一二九师指战员向被围于关家垴的日军发起攻击，为了分散和孤立日军，第一二九师以部分兵力攻打风垴顶。日军在飞机的支援下，顽强抵抗。八路军勇猛攻击，突入敌阵，与日军展开肉搏战。

10月31日拂晓，八路军歼灭日军400多人，其余60多名日军逃到一个孤立突出的台地上。这块台地顶部开阔平坦，四边峭岩壁立。日军上台地后，挖了不少猫耳洞，死守阵地。

下午，1500多名日军在十多架飞机的支援下，从黄烟洞方向赶来增援。第一二九师首长看到关家垴的日军基本被歼灭，来援日军的兵力也不少，难以将其全部歼灭。为了争取主动，命令部队迅速撤出战斗。

关家垴阵地上的60多名日军在增援部队的接应下，丢弃280多具尸体，狼狈地逃跑了。

数天后，彭德怀、左权等将领来到关家垴高地，仔细察看日军的临时工事，火力配置和简易的暗堡掩体。刘伯承率领第一二九师部干部来到关家垴阵地，就地总结攻坚作战的经验。

刘伯承仔细察看了日军在台地四周挖的猫耳洞，认为猫耳洞是躲避枪弹、保存士兵的一种好办法。刘伯承指着一个猫耳洞，招呼大家说："你们都仔细看看，别小看这小小的招式，凭我们现有的武器还真难对付。这个办法，我们也可以学习嘛！"

当时担任八路军总部特务团团长的欧致富在几十年后回忆这场战斗时说："彭老总坚持要打关家垴战斗，还有一个意图：八路军是坚持敌后抗战

的主力军、正规军，不但要会打游击，必要时，也得猛攻坚守，顽强拼杀，敢于啃硬骨头。"

决死第一纵队政治委员薄一波回忆说："彭老总向我调决死队两个团参加战斗，我是很积极的，战斗中损失固然大，但这两个团也打出来了，成为决死队战斗力最强的两个主力团。"

日军遭到沉重打击以后，余部于11月14日撤退。

11月17日，日军第三十七师团一部兵力、第四十一师团一个大队，共7000多人，分别从沁县、南关镇和洪洞出发，分两路合击太岳地区沁源和郭道镇等地，进行疯狂的"扫荡"。

当时，第一二九师所属第三八六旅第十六、第十七两团，决死第一纵队所属第二十五团等部队，正在太行地区执行任务，因此太岳地区的力量比较弱。为了避开日军锋芒，抗击日军的"扫荡"，太岳军区首长把部队编成沁源东、沁源西两个支队，在游击队和民兵的配合下，寻机打击日军。

11月23日，两路日军进入合击地区，进行野蛮的烧、杀、抢，沁源县遭到严重摧残。全县有1/10的群众被害，被害人数达5000多人，被杀牲畜上万头，有近40000间房屋被烧毁。日军的暴行激起了抗日军民的极大愤慨。

太岳军区的指战员看到日军分头"清剿"，兵力分散，千方百计抓住战机，各个歼灭日军。沁西支队第四十二团官兵在官滩歼灭日军100多人，第四十二、第五十九团的指战员在胡汉坪、马背一带歼灭日军160多人。至27日，抗日军民歼灭日军近300人。

12月5日，遭到不断打击的日军被迫从太岳区撤退。

北岳根据地，晋察冀军民迫退深入阜平之日伪军。

10月13日，10000多日伪军分成10路，对北平以西的抗日根据地进行"扫荡"。当时，北平是日军华北方面军司令部驻地，也是华北伪政权驻地，日军认为，平西根据地抗日力量的发展，威胁到华北方面军司令部驻地，也威胁到平汉、平绥交通线。因此，日军把平西根据地作为"扫荡"晋察冀抗日根据地的第一个目标。

八路军首长认为，向平西、太行根据地进攻的日伪军，很可能转而进攻北岳地区，晋察冀边区的军民应立即做好反"扫荡"准备。

为此，八路军总部于10月19日发出指示，要求晋察冀军区进行深入的战斗动员，主力部队在有利位置集结，随时准备歼灭"扫荡"的日军。

为配合晋察冀军区作战，八路军总部要求，第一二九师应不少于3个团的兵力破击正太路，第一二〇师应以4个团的兵力破击雁门关南北的同蒲铁路。八路军总部发出的这一预先号令，及时洞察了日军的行动企图，把握了日军的脉搏，为北岳军民赢得了20天进行反"扫荡"的准备时间。

11月9日，日军第一一〇师团等部队与伪军共14000余人，对北岳根据地进行"扫荡"。

11月10日，晋察冀军区司令员聂荣臻等人下达反"扫荡"指示，要求部队避免与日军决战，采取广泛的游击战，最大限度地消耗与疲惫日军，使"扫荡"的日军行不得其时，住不得其所，食不得其饱。主力兵团要在便于机动的地域集结，随时抓住战机，歼灭日军一路或两路，以转换战局。

12日，晋察冀军区再次发出指示，要求主力部队在不妨碍机动的原则下，可以组织不超过1／3的兵力，坚决打击日军的烧、杀、抢行为。

13日，完县、唐县、定县、正定、行唐的日伪军2700多人，一齐出动，向晋察冀军区第三军分区所属地区进犯，"扫荡"第一军分区的日军主力也向第三军分区袭来。

14日，定襄、五台的日伪军2600多人，分两路向阜平及其西南地区进犯。这次"扫荡"，日军多路分进，多点合击，一面进攻，一面修路，一面构筑据点，给根据地军民造成严重威胁。

从完县、唐县出动的数百名日伪军渡过曹河，袭击附近三村后，向西进犯，到迷城进行野蛮的烧、杀、抢、掠。

16日，日军袭击台峪、张家峪地区，这一地区的抗日武装与日军展开了艰苦的斗争。18日，合击台峪的日军占领了晋察冀军区领导机关所在地阜平。

21日，从五台出发的一路日军也进入阜平城。

12月3日，晋察冀军区集中4个团的兵力，向占据阜平、王快的日军发动进攻，歼灭日军500多人。留驻根据地的1000多日伪军继续修公路，建据点，企图盘踞在根据地。

根据地军民内线和外线配合，采用广泛的游击战，不断伏击和袭击日军后方的交通线，炸毁日军的列车和汽车，拔除一些据点，使日军连续挨打，处于被动地位，不得不从阜平、东庄、王快撤退。

晋察冀军区在持续50多天的反"扫荡"中，先后毙伤日伪军2000多人。

12月底，日军被迫全部撤出北岳抗日根据地。

晋西北地区，驻有日军独立步兵第三十六、第三十七、第三十八、第三十九、第四十大队，炮兵一个大队，工兵、辎重兵各一个中队，共约5000多人。

从10月下旬开始，日军独立混成第三、第十六旅团各一部，共4000多人，对晋西北第八分区和第三分区所在地区进行"扫荡"。

10月27日，日军从驻太谷、祁县的两个步兵大队中抽调800多人，对晋西北地区的文水、交城地区进行"扫荡"；从驻太原、忻县的两个大队中抽调600多人，对第三军分区所属娄烦、米峪镇地域进行"扫荡"。由于抗日军民早已做好了反"扫荡"的准备，日军进入预定地区以后，遭到当地军民的不断打击，一无所获，旋即退回。

12月中旬，日军集中了驻晋西北的独立混成第三、第九、第十六旅团和第二十六师团各一部，驻晋南的第三十七师团、驻晋东南的第四十一师团各一部，共20000多人，对晋西北抗日根据地进行全面"扫荡"。

12月14日，从太汾、汾离公路沿线各据点出动的5000多名日军，对第八分区和第三分区米峪镇地区进行"扫荡"；与此同时，从离石、柳林出动的4000名日军，向临县进犯。19日，从岚县和岢岚出动的6000多名日军，对兴县和保德以南地区进行"扫荡"。

至23日，分头"扫荡"的各路日军一度占领了晋西北除保德、河曲以外

所有的县城和大部分集镇，黄河渡口。日军所到之处，许多村庄被烧光，许多家庭被杀绝。晋西北全区，有5000多群众遭到日军屠杀。在兴县，日军把200多名男女老幼关进一所房内，将他们活活烧死，这种残暴手段极为罕见。

面对严峻的形势和日军的暴行，八路军第一二〇师和晋西北地区的人民群众密切配合，实行空室清野，坚持"区不离区，县不离县"的游击战，同时集中一部主力，寻机歼灭小股日军。

第一二〇师不时地集中部分主力部队转移到外线作战，破袭日军的交通线，袭击日军的据点，攻击日军的修路部队和运输队，使日军整日不得安宁。

从12月14日至27日，抗日军民利用各种形式连续作战100多次，迫使日军由开始时的疯狂"清剿"转为建点、修路。27日，晋西北军区命令第三五八旅、独立第一旅、决死第四纵队相机出击，破袭日军的交通，使日军遭到重大打击。第七一五团一部与临县游击队配合，袭入临县县城，打击日伪军。

在艰苦的反"扫荡"中，晋西北军民先后作战217次，歼灭日伪军2500人，破坏公路125公里，破坏桥梁23座。在八路军的连续不断打击下，日军无可奈何，被迫于1941年1月下旬全部撤出晋西北抗日根据地。

不屈不挠地
同日伪军战斗

震惊中外的百团大战历时3个半月，对抗日战争产生了重大影响，在战争史上留下了辉煌的一页。

百团大战，八路军在地方武装和广大人民群众的积极配合下，严重破袭了日本侵略军在华北的主要交通线，其中破坏铁路474公里，公路1500多公里、桥梁和隧道260多处。

正太铁路停运达一个多月之久，同蒲铁路北段两次被切断，平汉、津浦、北宁等铁路也遭到不同程度的破坏。

拔除了日本侵略军的据点，歼灭了大量日伪军，充分表现出了华北军民齐心协力，不屈不挠，同日本侵略者浴血奋战的精神。

当希特勒法西斯的闪电战在欧洲战场上连连得逞，反动气焰极为嚣张之时，中国抗日战争的敌后战场，却出现了八路军百团官兵大战日本侵略者的奇迹，使日本侵略军遭到重大损失。

百团大战中，八路军毙伤日军20000余人，自己伤亡18000余人。在参战兵力大体相当的情况下，劣势装备的八路军进攻优势装备的日伪军而取得如此战绩，这在战争史上也是罕见的。

这组数据也反映了八路军在战争中发展壮大的历史里程。百团大战，震慑了日本侵略军，推迟了日军南进的步伐，敌后战场牵制了侵华日军。

百团大战之后，在各地人民钦佩和慰问八路军的欢呼声中，东条英机却在日本贵族院和众议院哀叹："1940年，国民党未进行主力的反攻，只有共军于去年在华北举行大规模的出击。"

百团大战，震慑了国民党顽固派。百团大战是在抗日战争处于困难时期取得的重大胜利。

1940年秋，八路军在华北抗日根据地同日本侵略军浴血奋战的艰难时刻，国民党顽固派却从10月起发动了第二次反共高潮，制造了震惊中外的"皖南事变"。

毛泽东、朱德、王稼祥全局运筹，于12月22日联名致电彭德怀，提出：

> 百团大战对外不要宣告结束，蒋介石正发动反共新高潮，我们当尚须利用百团大战的声势去反对他。

从这份电报中可以看出，毛泽东把百团大战看做是反对国民党顽固派的一种巨大"声势"，这种在战场上生死搏斗造成的"声势"，是其他力量无法比拟的，是反动势力最害怕的。

蒋介石表面上对八路军的胜利表示欢迎，在9月中旬发出嘉勉电中，称：

> 朱副长官、彭副总司令：
>
> 送电均悉，贵部窥破好机，断然出击，予敌甚大打击，特电嘉勉。除电饬其他各战区积极出击，以策应贵军作战外，仍希速饬所部，积极行动，勿予敌喘息机会，彻底断绝其交通为要！

可是，蒋介石暗地里却于10月20日在国民党内发出密电，称："近来报上常有记载'百团大战'字样，如19日《新华日报》所载晋西通讯即载此事，此项名词及有关之新闻以后应绝对禁止登载，希即饬遵。"

可见，蒋介石对百团大战已经到恐惧的程度。百团大战，鼓舞了抗日军民的士气。八路军在抗日根据地打击日军的胜利消息传开以后，抗日军民欢欣鼓舞。

抗日救亡组织和群众团体纷纷举行祝捷会和庆功会，一些报社、电台相

抗战军民（雕像）

继发表社论，祝贺八路军取得的胜利。

这一胜利，增强了抗日军民战胜困难的信心，表明了中国共产党及其领导的军队，在抗日战争中的作用。

百团大战，在国际上也引起了震动。苏联《红星报》发表评论，指出：

> 华北之中国军队，目前正在山西省进行主动性之作战。第八路军正展开大规模之攻势。游击战在山东省与北平附近亦正趋于激化，中国人……始终表现高度之民气，对自身力量具有信念。
>
> 中国人民为自由独立，争取最后胜利而战，依然表现最大之决心而不能动摇。

美国著名记者史沫特莱写出了很有文采的报道，其中说：

> 整个华北地区，从晋北山区到东海岸，从南面的黄河到北面的长城，都成了战场，战斗夜以继日，一连厮杀了5个月。一百团打击了敌人的整个经济、交通线和封锁网，战斗是炽烈而无情的。

百团大战，不仅取得了军事上的重大胜利，给日本华北方面军以有力打击，也取得了政治上的重大胜利，使八路军在全国人民心中的形象日益高大。

黑色太阳

第 二 次 世 界 大 战 亚 洲 战 事

硫磺岛战役

　　硫磺岛北距东京1080公里，南距马里亚纳群岛的塞班岛1167公里，战略位置极其重要。1945年2月至3月，为了争夺硫磺岛，日军和美军进行了第二次世界大战中太平洋战场上最惨烈的一场战斗。双方在这个仅8公里长、4公里宽的小岛上苦战一个多月。美军虽然取得了最后的胜利，但也付出了伤亡近3万余人的代价。

盟军计划

夺取硫磺岛

硫磺岛是一个长约8公里，宽约4公里的饭勺状小岛，是不适于人类生活的火山岛。全岛表面由黑色火山灰覆盖，下部是火山岩。

岛上经常发生水蒸气、二氧化硫混杂的黑色烟雾，沙中到处渗出硫磺，地下水甚少，地面上仅能长些香蕉和菠萝，没有其他植物，几乎是不毛之地。由于原来未归属任何国家，1890年，日本宣布为日本领土，岛上居民有1000人左右。

自从盟军攻克塞班岛、关岛、提尼安岛，美军B-29型轰炸机有了空袭日本的陆上基地以后，这个罕为人知的荒凉小岛，由于它的重要地理位置，便成为日本和盟军激烈争夺的战略要地，双方在这个小岛上展开了拼命的厮杀。

硫磺岛位于塞班岛和东京的中间，距东京1000余公里，距塞班岛1167公里，可以称为东京正门的岗哨。美军B-29型飞机往返东京和塞班岛的中途，一定要经过硫磺岛。当美机通过它上空的时候，硫磺岛上的监视雷达便可把情报及时通知东京，这对美机轰炸日本是很大的威胁。为了顺利轰炸日本本土，这个钉子必须拔掉。

除了排除障碍以外，还有更重要的意义。首先，当B-29型飞机轰炸日本时，护航的0-51型战斗机因为续航能力有限，不可能有效地护航；如果使用硫磺岛的飞机场作为基地，0-51型战斗机便能全程护卫B-29型飞机，极大地提高轰炸效率。其次，飞往日本上空的B-29型轰炸机如果受伤，可以迅速飞返硫磺岛，紧急降落，及时修理。

此外，在飞机的加油方面、人员的救护方面、增设电波观测方面，硫磺岛都有不可估量的作用。有了硫磺岛，美军就如虎添翼，B-29飞机就可以在日本天空自由飞翔。对美军而言，为了进一步给日本本土登陆作战创造有利条件，硫磺岛势在必争，势在必占。

对日本来说，虽然抵御的飞机、舰船、兵员、物资都不充分，孤岛上也无险可守，明明知道绝对防守不住，但军令难违，也只有拼命抵抗，决不投降。

美国参谋长联席会议于1944年10月3日向尼米兹五星上将下达攻占硫磺岛的命令。尼米兹任命在中途岛海战和马里亚纳海战中威名大振的海军上将雷蒙德·斯普鲁恩斯为总指挥官。

在他的指挥下，由特纳海军中将指挥联合远征军，下辖登陆突击编队和两栖支援编队，由史密斯海军中将指挥两栖第五军所属陆战第三师、四师、五师共75000人担负主攻登陆任务。

原计划在1944年12月初开始总攻击，由于这时日美双方正在菲律宾南部展开激烈战斗，所以延期到1945年2月3日，以后又延期到2月19日。在此期间，预定担负登陆的海军第四师和第五师在夏威夷进行紧张训练，第三师在关岛进行登陆演习。

计划规定：斯普鲁恩斯麾下的快速航空母舰特混舰队担任支援，第五十八机动部队为突击编队，两队共有航空母舰17艘，战列舰8艘，重巡洋舰4艘，轻巡洋舰11艘，驱逐舰77艘，舰载机1170架。

第五十二机动部队共有护卫航空母舰11艘，第五十四机动部队共有战列舰7艘，重巡洋舰4艘，驱逐舰15艘，合计共有各类大小舰船495艘，灰色的船只组成一个半圆形，伸出7英里之远，于1945年2月10日开始出击。

2月16日，牵制部队从东京南方约200公里的海上出动轰炸机群，对日本关东地区和东海道地区的日本飞机场和港湾进行牵制性大空袭。

这次战争和过去不同，是在日本的领空、领海、领土上进行的。

日军在没有海上支援、空中支援的情况下，仅靠陆军第一○九师团和第

⌖ 二战时期的B—29轰炸机

三旅团为主的小笠原兵团投入坚守战斗，共有陆军15000余人，海军7000多人，共计23000人，由栗林忠道中将任指挥官。

日军的防守计划是把硫磺岛全岛筑成要塞。考虑到美军可能在南海岸的翁浜和二根浜登陆，还可能在西海岸的千鸟浜一带登陆，便在这些地方的水边构筑碉堡，原预定构筑135个，由于水泥不足，只完成24个，其他已初具规模。

防卫的主阵地为地下阵地，采用钻入地下的鼹鼠战术，全部兵力都隐藏在地下，成为地下兵团，伺机消灭登陆的美军。

兵团战斗司令部设在北部小丘的地下室内，离地面深约20米，再往下约

深45米的地下室为主要通讯室，能够容纳20台无线电机。地下室顶盖用混凝土砌筑，厚度约3米。

原来预定修筑连接本岛南部摺钵山和北部元山的地下通道，以把岛内地下通道连接成为网状，由于实力不足，没有完成，只建成坑道阵地13公里，交通道3公里多，贮藏库1平方公里。在岛的南部标高169米的摺钵山地区，像蜂窝一样修筑了400多个地堡和火力点，构筑起钢筋混凝土重火力掩蔽阵地，各出入口之间，修筑约6公里长的坑道或隧道，纵深配备了许多散兵壕、防坦克壕等等。

构筑这样庞大规模的地下工事，士兵们承受的苛酷艰辛可想而知。最难的是工程地质条件和水文地质条件太恶劣，全岛到处有地热，地下温度高达49摄氏度，又兼硫磺气味太浓，官兵只能戴防毒面具进行作业，所以坑道作业每班只能连续干五六分钟。

岛内饮水严重不足，只能依靠收集雨水。各部队除用铁罐储存雨水外，还想出一个特殊集水办法，就是在喷出硫磺水蒸气的地方，树立几根木桩，上面覆盖草席，把滴落的水滴用铁罐回收。

虽然这种水里面仍有硫磺味，但比没有水要强得多。这样千方百计得到的水仍是很有限的，根本不能解决缺水问题，所以日军限定兵团司令官以下全体官兵每人每天的用水量为3公升，饮用水每人每日一水桶。

储存的粮食足够食用75天，只是蔬菜不足，再加上水质不良刺激胃壁，日军不但营养不良，而且患伤寒或痢疾的约占20％以上。

美军实施
登陆作战

　　对这荒无人烟的硫磺岛，美军在没有登陆以前的两个月中，从空军基地起飞的飞机已经把它轰炸了75次，由军舰起飞的飞机也前来轰炸了7次，先后共出动飞机近3400架次，总投弹量达6800吨。

　　硫磺岛周边集结的美军军舰共射击8次，发射400毫米炮弹2000多发，200毫米炮弹6500发，127毫米炮弹15000余发。硫磺岛地面上再也看不见人影和树木，只有被掀翻的连绵沙丘。

　　美军主攻硫磺岛的水上支援部队，共有护航航空母舰12艘，战列舰6艘，巡洋舰5艘，驱逐舰16艘。登陆部队共有海军3个师，共61000人。单登陆部队人数就比日军多3倍。

　　1945年2月17日，美军在翁浜海岸正式进攻。首先由驱逐舰扫雷艇护卫着登陆艇十余艘向海岸挺进，到达距海岸700米的地方，美舰开始炮击。

　　在岸边阵地的日军东部海军炮台立即开炮还击，9时30分，6发炮弹击中美巡洋舰"本萨拉号"，致使美军死7人、伤98人。11时左右，登陆支援炮艇12艘也被击伤，战死和下落不明的共44人，负伤152人，其中9只炮艇已不能使用。紧接着摺钵山上的海军炮台也隆隆开炮。11时21分，美驱逐舰"罗兹号"被击中，战死和去向不明者7人，舰长以下34人负伤。日军北部地区的炮台也发射炮弹，有6发击中美巡洋舰一艘，巡洋舰顿时火光冲天。

　　从表面看，美军出师首战不利，实际上，在战术方面，日本恰好是中计了，暴露了海军炮台的全部位置，给美军后来的进攻创造了极为便利的条件。

对于这一点，日本兵团司令栗林中将早有预见。他根据过去塞班岛和关岛的战斗经验，决定对美军在岸边登陆不予抵抗，待美大部队深入到一定地点以后，再集中火力炮击，以求一举歼灭。

他早已命令部下不许开炮，但部下急躁冒进，沉不住气，待到后来觉察到犯了错误时，后悔已晚。

美军也吸取了过去岛屿进攻的经验教训，在大批登陆以前，先搞扫雷及侦察活动，投石问路，探明虚实，故意让日军暴露炮兵阵地位置。

日军发炮还击，等于给美军指明了打击的目标，正中美军下怀，于是美军随即集中舰炮火力和飞机轰炸，把日军仅有的微薄炮兵防守力量全部击毁。这些阵地上原有陆军1300人、海军640人，在美军海空猛烈的轰炸中，有70％被消灭。

正在登陆的美军士兵

此后，日军在地面上已无作战能力，只有退缩到地下阵地中去。

2月19日6时许，美军海上舰只全部出动，海军陆战队共3个师61000人，加上后续部队，全力攻占面积只有30多平方公里的小岛，这在战争史上是罕见的。

美军战列舰7艘，重型巡洋舰4艘，轻型巡洋舰1艘，驱逐舰10艘和小型炮舰5艘，在距南海岸一两公里处开始轰击，航空部队与其相呼应，120架战斗机对南海岸一带反复发射火箭和用机关枪扫射，投掷炸弹和凝固汽油弹，持续两个半小时后，岛上地面每一寸土地都被翻了一遍。

日军全部躲在地下工事里面，由于工事修筑得坚固，炸弹没有一颗能钻进地下来，但日军的心理承受却到了极限。

日军官兵在阵阵撕心裂肺的炸裂声中喘息，巨大的声响震人魂魄，剧烈的震动使身体无法平衡，就像是坐在不良轨道上疾走的运土车一样，忽高忽低六神无主。每个人都在想这次是不是要被活埋了，不少人下意识地捂住头上的钢盔，在惊恐中等待末日的来临。

海岸边的监视哨报告："敌军炮击猛烈，看不清海岸线。土沙尘扬起10米左右，能见距离不到20米。"

正当全岛笼罩在弹片、沙石之中时，美军250艘登陆艇和500辆两栖装甲车于8时30分开始行动。登陆艇以百艘为单位排成横队，相互之间保持两三百米距离，一齐朝南海岸驶去。在猛烈的海空军火力支援下，10时30分，海军陆战队8个大队和一个战车大队登岸，开始攻占日军阵地。

守卫阵地的日军在激烈的炮击下无法钻出掩体射击，只有等待美军从海岸来到阵地前沿时，迅速跳出来展开白刃战。这种刺刀见红的近战战术很厉害，美军一开始很不适应，损失很大，有些部队甚至攻上去后无一生还。

日军用47厘米口径速射炮对付正面进攻的美军装甲车，20辆被击中，3艘搭载装甲车的舰只被毁。战斗双方都打红了眼。

摺钵山的日本守军，从山麓到纵深七八百米地带，修筑起了两道阵地，迎击步步进逼的美军。

美军装甲车群一边缓慢进逼日军阵地，一边使用火焰喷射器喷出红色水柱状烈焰，转瞬间，日军第一道防线就被无情的烈焰所熔化，守军大部战死，残存的数十名官兵向第二线后退不得，只好潜入地下洞窟中去。

日军坦克根本无法与美军装甲车相抗衡，47厘米口径炮弹命中美军装甲车也穿不透甲板，它们只有被动挨打，成为一堆堆废铁瘫在阵地上。这一天之内，摺钵山地区的日军守备部队已经丧失了有组织的抵抗。

20日，从清晨开始，美军又在猛烈炮火支援下攻向日军第二道防线，仍然是重型坦克开道，用厚甲板抵挡日军47厘米速射炮弹、步兵炮和野战炮的轰击，用炽热的火焰摧毁掩体和阻击堡垒，势不可挡。

为了阻止美军进攻，日军组织"敢死队"抱着炸弹企图阻挡装甲车进攻，然而，这些"敢死队员"还未到坦克近侧，就被火焰烧成焦黑的尸体。

日军第二道防线不久也被撕开了口子，像决了堤的水坝很快崩溃。当天傍晚，1700名日军死去多半，阵地大部分失守，炮台全部被毁，只能躲在地壕中伺机夜袭。

21日，日军采取散兵战与美军周旋。由于日军在暗处，美军不识地道交通网络，不少官兵死于冷枪之下。

22日，美军动用坦克封锁地下战壕进出口，火焰喷射器喷出长长的炽热火舌，舔吮着日军士兵的头部和身躯。火焰喷入日军地下战壕后，洞中岩石如同火炭般散发高温，洞内像冒火一样炎热难耐，而垂死的日军仍然拼命顽抗。

23日，美军在硫磺岛最高峰摺钵山山顶升起星条旗。剩下的300余名日军在栗林司令官指挥下仍在洞内伺机反扑，战斗还在继续中。

日军进行
自杀式防卫

摺钵山失守，日军大势已去。栗林司令官如果认清大势，体恤部下性命，本该下令残部投降。可是，顽固不化的军国主义头目非要强令官兵与他一起为天皇白白送命，这使美军也相应增加了伤亡数目。

美军登陆后的第十天，2月28日，已占领了硫磺岛南半部及千鸟机场和元山机场，整个岛上表面阵地已看不到日军影子。

3月1日，美军采用摺钵山攻坚战术，把玉名山守军赶进深洞，然后用钻岩机钻孔爆破，投入黄磷或烟雾弹毒杀残部。日军守备队中有10％想投降的人被处死，6％的人绝望自杀，被俘活命的只有5％，其余的全部战死。

3月7日，完全陷入包围圈的日军混成第二旅1500余人，携带手枪、轻机枪、步枪，从深洞中冲出来，口喊"万岁"、"万岁"，对占绝对优势的美军进行自杀式冲击，结果全部毙命。

3月9日夜，千田旅团残余日军1600余人也在一片"万岁"的嚎叫声中冲向地面，无一幸存。最后一次有组织的反攻是在3月27日。这天清晨，40名日军大刀队员在前面打头阵，300余名海军、陆军联合部队尾随其后，奇袭美军帐篷营地，双方展开肉搏战。

美军是在睡梦中惊醒仓促迎战的，日军则是在精神、肉体遭受重创后，万死中求一生。战斗结束后清点：美军战死44人、88人负伤，工兵第五大队9人战死、31人受伤；日军262人死亡。绝望中，日军栗林司令官在战壕洞口剖腹自杀未遂，由中根参谋用军刀把他砍死，然后，中根自己也开枪自杀。

硫磺岛攻防战历时38天，日军死亡22000人，被俘1000余名；美军阵亡

美军在烧废的车后与日军对峙

5500人、负伤19000人。在一个不到30平方公里的小岛上，死伤这么多人，可见战争的残酷激烈。

在这次战斗中，日军"神风"特攻队40架飞机和15架重轰炸机攻击美机动部队，美护航航空母舰"俾士麦海号"被击沉，巨型航空母舰"萨拉托加号"重伤，还有战列舰1艘、巡洋舰2艘、驱逐舰9艘轻度损坏。

许多参加过此次战役的美军士兵都说那是"地狱里的战争"。整个战役只能用"血腥"来形容，双方都艰苦到极点。美军以其先进的军事装备才完全结束这场战斗。

美军的这次胜利可以说为攻击日本本土敲开了最后一个门户，自此日本人时时面临着被轰炸的危险。

黑色太阳

第二次世界大战亚洲战事

远东突袭

  1945年8月8日夜，远东苏军三个方面军按照统一计划隐蔽地进入进攻出发阵地。从8月9日零时10分至凌晨1时，苏军发起了全面进攻。至8月14日日终前，远东第一方面军已向中国东北纵深挺进了150公里。在远东苏军的猛烈打击下，日本关东军总司令部被迫于8月16日下午4时向苏军请求停战。8月18日，又正式下达了关于停战和解除武装的命令。

苏联正式
对日宣战

　　《波茨坦公告》发表后，日本最高战争指导会议于1945年7月27日开会，讨论《波茨坦公告》与苏联调停的问题。军部阿南惟几陆相、梅津美治郎参谋总长等主战派以种种条件为理由，主张全面拒绝《波茨坦公告》。

　　东乡外相等人则认为：苏联政府未在《波茨坦公告》上签名，因此苏联对日本仍然保持着法律上的中立，且盟国对过去所提出的无条件投降的要求有所缓和，所以应当先看一看苏联的态度，然后再最后决定日本的态度。

　　7月28日，铃木首相屈服于军部首脑的强烈要求，在一次记者招待会上声明说：《波茨坦公告》只不过是《开罗宣言》的"旧调重弹"，"政府认为并无任何重要价值，只有对它置之不理。"

　　日本公开拒绝《波茨坦公告》，同盟国只有对日本法西斯进行最后一战。美国杜鲁门政府为了争取掌握占领日本的主动权，急欲单独迫使日本投降，以便获得在战后同苏联对抗的有利战略地位，遂于1945年8月6日抢在苏联出兵之前在日本广岛投下第一颗原子弹。9日，又在长崎投下了第二颗原子弹。

　　8月8日17时，苏联外交人民委员莫洛托夫召见日本驻苏大使佐藤尚武，交给他一份苏联对日宣战书，宣布参加《波茨坦公告》，并当面宣布，苏联从8月9日起同日本处于战争状态。

　　苏联对日宣战，既是履行在雅尔塔会议上所承诺的在德国投降后两三个月参加对日作战的反法西斯战争的国际义务，也是苏日矛盾加深，双方长期军事对峙的总爆发。

　　从20世纪初日本发动日俄战争起，日本在对朝鲜、中国实施侵略政策的

同时，一直酝酿进攻苏俄的战争计划。1928年，日本就企图侵占西伯利亚，以消除第一个社会主义国家在亚太地区可能发生的革命影响。

日本侵占中国东北后不久，苏联政府出于维护自身利益的需要，于1932年3月16日，由苏外交人民委员季维诺夫，在日内瓦曾向日本大使提议签订互不侵犯条约问题，但遭到拒绝。

日本在拖延10年之久后的1941年4月13日，才与苏联签订中立友好协定，有效期为5年，并发表声明：互相尊重所谓"蒙古人民共和国"与伪"满洲国"双方领土完整与相互不可侵犯性。

1932年8月，日本参谋部制定了1933年度的对苏作战计划，企图把刚刚侵占的中国东北作为北上进犯苏联的跳板，阴谋夺取整个远东地区，与中国东北、内蒙古连成一片，以作为争霸亚洲及世界的战略基地，并建立对苏作战的有利态势。

只是由于中国共产党领导的东北抗日联军奋勇抵抗，"关东军迫于讨伐，致使本来的目的——准备对苏战略意图，始终未得进展"。

1938年7月和1939年5月至8月，关东军先后在张鼓峰和诺门坎事件中受到苏联红军的严重打击而遭惨败。关东军对此一直耿耿于怀。

1941年6月25日，即德国进攻苏联后的第三天，苏联大使曾询问日本外相松冈洋右，日本是否将遵守与苏联签订的条约保持中立。

松冈对此未作正面答复，却说："三国公约是日本对外政策的基础，如果目前的战争以及中立协定与此基础有抵触……则中立协定无效。"

日本不打自招，毫无诚意执行苏日中立友好协定。日军参谋总部不仅企图夺取苏联的远东领土，而且妄想毁灭苏联的全部武装力量，打算把鄂木斯克作为法西斯德国与军国主义日本瓜分苏联的分界线，代号为"关特演"的计划就是如此。

随着法西斯德军在苏德战场的失败，日本企图利用苏德战场上的有利形势入侵苏联的计划也随之变成泡影。但日本"仍然认为进攻苏联是他们政策的基本目的之一，既未放弃其侵略野心，也未放弃其进攻的准备"。

据此，苏联政府于1945年4月5日宣布废除苏日中立协定。苏联对日宣战，大大出乎日本意料之外。

日本原来判断，苏军对德作战结束后，需要休整，对日作战时间可能在1946年春，最早也要在1945年9月上旬；苏军的主要进攻方向，可能由苏联远东滨海地区向中国东北实施。关东军根据这一判断，把防御重点定在中国东北的东部方向。

8月9日零时，苏军发起对日作战，至9月2日日本正式签订投降书，历时24天。

日本制订
对苏作战方案

1945年7月5日，日军大本营确定关东军的对苏作战方针是：

> 利用满洲广阔地域粉碎敌之进攻。不得已时，也要扼守长春——大连线以东、长春——图们线以南要地，坚持长期作战，以利于遂行大东亚战争。

> 指导要点：尽量利用北朝鲜东部山地、牡丹江流域西侧山地、大小兴安岭和四平——齐齐哈尔线外沿地区的地形和工事，力争粉碎敌人。

> 为阻滞敌人进攻，预期以一部兵力打头阵；尔后，利用满洲广阔地域和地形，阻敌进攻，以期持久，同时广泛开始游击战。关东军主力适时集中在长大线以东、长图线南山地，诱歼进攻之敌；不得已时，也要扼守通化、临江周围要地，以图长期坚持。

关东军辖日第一、第三方面军，计24个师又12旅，70余万人。此外还有伪满、伪蒙军8个师又12个旅，约20余万人。日伪军总兵力近100万人，共装备作战飞机150架，另有可用于作战的教练机约500架、坦克160辆、各种火炮5000门。

关东军的部署如下：第一方面军担任东部正面防御，主力集中在牡丹江、延吉一线，司令部设在牡丹江。第三方面军担任西部正面和南满的防御，司令部设在沈阳。

🔺 华西列夫斯基（油画）

其四十四军部署在阿尔山、洮南、通辽地区，第三十军配置在长大线以东地区；第四军担任北部正面防御，司令部设在齐齐哈尔。第三十四军为关东军的预备队，设置在朝鲜咸兴地区。

关东军的防御由三道防御地带组成。

第一道，由边境筑垒地域及二线主阵地组成；第二道，沿长大和长图线设置，成据点式防御；第三道，以通化为中心，沿中朝边境山区设置，是最后抵抗地域。

纵深工事在开战前刚刚动工。沿边境线的17个筑垒地域总长1000余公里，计8000余个永备工事和土木质发射点。以虎头筑垒地域为例，在4个山丘上建立了6个抵抗枢纽部和3个独立支撑点，筑有火力发射点400余个，火炮阵地66个，指挥观察所64个，全正面约100公里，纵深40至50公里，其设施可容纳两个师以上的兵力。

1941年曾配置一个守备师。远东战役时，守军减为4个步兵连、4个炮兵连和保障分队，计1400人，另有日侨义勇队500人。

1945年4月，华西列夫斯基奉命开始制定对日作战计划。为了能在最短时间内摧毁日军整个军事体系，曾考虑过3种方案：

一是进攻日本本土，但实施战略性登陆战役没有把握。

二是进攻华北，但因日军没有密集集团，不能达到速战速决

的目的。

三是歼灭关东军。

最后，确定了进攻关东军的方案，同时在南库页岛和千岛群岛实施登陆战役，控制宗谷、根室两海峡，威逼日本本土，保障苏联海上的航行自由。

苏军统帅部分析东北的地形、道路和日军的部署后，认为把主突方向选在蒙古东部突出部最有利。因该方向日军防御薄弱，大兴安岭以东地形开阔，便于坦克机械化兵团行动，只要迅速越过大兴安岭，就能出其不意，迅速前出到东北平原，从而达成进攻突然性。

总的企图是：以3个方面军从东、西、北3个方向同时进攻，东西对进，以西为主，北面为辅助进攻方向，切断东北日军与华北、朝鲜的联系，分割围歼关东军主力于中满地区。苏军统帅部在训令中强调："尽快夺取胜利，避免与日军在满洲陷入持久作战。"

为了达成速战速决，苏军统帅部认为，仅靠远东原有40个师的兵力是不够的，遂决定从欧洲向远东机动兵力。

在5至7月内，向远东和后贝加尔地区增调了两个方面军指挥机构、3个合成集团军、1个坦克集团军，共27个师、12个旅、许多独立兵团和特种部队，使远东兵力猛增一倍。

鉴于战区远离莫斯科，战场广阔，作战方向分散，协同困难，为实行统一的战略领导，苏军在伯力成立了以华西列夫斯基为总司令，希金上将为军事委员，斯·帕伊凡诺夫上将为参谋长，并赋予全权的远东苏军总司令部。

下辖3个方面军、太平洋舰队和黑龙江区舰队，共有11个合成集团军、1个坦克集团军、1个骑兵机械化集群、3个空军集团军、3个防空集团军。计陆军80个师，火炮26000门、坦克和自行火炮5500余辆，作战飞机3800余架、海军各种舰船500余艘、海军航空兵飞机1500余架。总兵力达150余万人。其战役部署如下：

后贝加尔方面军：辖1个坦克集团军、4个合成集团军、1个骑兵机械化集群、1个空军集团军和1个防空集团军，约65万人。其任务是分割围歼关东军第三方面军主力于长春、沈阳地区，切断关东军与华北的联系。

方面军以坦克第六集团军和第十七、第三十九、第五十三集团军组成主突集团，从外蒙古的塔木察格布拉克向长春、沈阳方向实施主要进攻，以第三十六集团军从左翼向海拉尔、齐齐哈尔方向实施辅助进攻，骑兵机械化集群从右翼向承德、张家口方向实施辅助进攻，以第五十三集团军为第二梯队。以两个步兵师、一个坦克师、一个坦克旅为预备队。

当前任务是，战役第十五天越过大兴安岭，前出至索伦、突泉、鲁北一线，坦克第六集团军不迟于战役第五天进至上述地区，尔后向长春、沈阳进攻。战役纵深800至1000公里。司令部设在赤塔，临战前进至塔木察格布拉克。

远东第一方面军：辖4个合成集团军、一个战役集群、一个空军集团军和一个防空集团军，约58万人。其任务是在太平洋舰队的配合下，分割围歼关东军第一方面军于牡丹江、敦化地区，切断关东军同朝鲜和日本的联系，尔后向哈尔滨、吉林、长春进攻。

方面军成一个梯队，以第一、第五集团军和第十机械化军组成主突集团，向牡丹江方向实施主要进攻；以第二十五集团军从左翼向汪清、延吉方向实施辅助进攻；以第三十五集团军从右翼，向密山方向实施辅助进攻。

以两个步兵军、一个骑兵师为预备队。当前任务是突破日军边境筑垒地带，于战役第十八天前出至牡丹江、汪清一线，尔后向哈尔滨、吉林进攻。战役纵深400至500公里。司令部设在双城子，临战前至格罗捷阔沃。

远东第二方面军：辖3个合成集团军、一个空军集团军和一

个防空集团军，约33万人。其任务是在黑龙江区舰队的协同下，歼灭日军第四军。

方面军以第十五集团军沿松花江向佳木斯、哈尔滨方向实施主要突击；以第二集团军从右翼向齐齐哈尔实施辅助进攻；以独立第五军从左翼向宝清实施辅助进攻。

战役第一阶段，第十六集团军在太平洋舰队协同下，担任鞑靼海峡西岸和堪察加半岛的防御，尔后，在南库页岛和千岛群岛实施登陆作战。战役纵深500公里。方面军成一个梯队。以一个师和一个旅为预备队。司令部设在伯力，开战前进至列宁斯科耶。

太平洋舰队：以潜艇和航空兵在日本海域积极行动，切断关东军与日本本土驻军的联系；支援地面部队的濒海翼侧防御；协同陆军在朝鲜东岸诸港口、南库页岛和千岛群岛登陆作战。司令部设在海参崴。

各空军集团军分别隶属于各方面军。方面军首长根据当时敌情、地形和任务，赋予航空兵以不同的具体任务和协同方法。

其主要任务是：实施不间断的空中侦察；夺取和保持制空权；支援地面主要突击集团的战斗行动。海军航空兵保障舰队的海上作战，破坏日军海上交通，支援登陆兵上陆作战。

苏军海空并进
发动进攻

1945年8月8日夜，苏军3个方面军、太平洋舰队和黑龙江区舰队的部队占领进攻出发地域。

9日零时，各先遣支队越过国境。拂晓，主力先后发起进攻，航空兵分两批袭击哈尔滨、长春、吉林和沈阳的日军，太平洋舰队在日本海积极行动。

在西线，后贝加尔方面军各先遣支队利用夜暗，不经炮火准备，同时在所有方向越过国境。4时30分，方面军主力开始进攻，基本未遇日军抵抗。坦克第六集团军在相隔70余公里的两个方向上成两路以疏开队形快速前进，战役第一天前进150公里。

10日下午，又前进100余公里，主力到达大兴安岭。由于进展顺利，方面军司令员要求坦克集团军提前完成当前任务，于8月12日日落前，前出到鲁北、突泉一线。

坦克第六集团军遂在行进间变更部署，坦克第五军由当夜登上大兴安岭，占领了台日黑达坝。

8月12日，坦克集团军全部越过大兴安岭，其先遣支队已于11日攻占鲁北，12日攻占突泉。

左翼第三十六集团军于11日攻克满洲里筑垒地域，坦克部队在海拉尔筑垒地域，遭日军顽抗，主力实施迂回。右翼骑兵机械化集群分两路开进，一路14日攻占多伦，另一路15日占领张北。

在东线，远东第一方面军先遣支队于9日1时趁夜间和暴雨偷渡乌苏里江，袭击日军边境筑垒地域。

8时30分，主力发起进攻，除个别方向外，均未进行炮火准备。左翼第二十五集团军和右翼第三十五集团军分别遭到日军东宁、虎头筑垒地域的顽抗，屡攻不克，前进受阻，主力被迫迂回，留下一部兵力，并调来重炮和轰炸航空兵，继续攻击。

第五集团军以先遣支队消灭日军火力点后，主力迅速前进，于战役第二天攻占绥芬河，14日攻入牡丹江市区，与第一集团军协同，同日军展开巷战，为提高进攻速度，避免陷入僵局，方面军司令员决心以主要力量从牡丹江市南面迂回，直插吉林。

在北线，远东第二方面军于9日1时发起进攻，独立第五军强渡乌苏里江。14日占宝清。第十五集团军在黑龙江区舰队协同下，强渡黑龙江，于14日经激战攻占富锦筑垒地域，打通了至佳木斯的道路。

第二集团军先担任黑龙江北岸海兰泡沿线的防御，11日转入进攻，因渡河器材不足，只得分批投入战斗，进展缓慢，于14日才包围了孙吴和爱辉筑垒地域。

经战役第一阶段6天的交战，后贝加尔方面军越过大兴安岭，前进450至500千米，前出到东北平原；远东第一方面军前进150至200千米，前出到牡丹江平原；远东第二方面军前进50至100千米，前出到佳木斯的接近地；太平洋舰队协同陆战队，占领了朝鲜雄基、罗津等港口，切断了日军从海上的退路。

关东军的部署被割裂、打乱，失去统一指挥，只有部分兵力仍在牡丹江市和海拉尔、孙吴、虎头等地域继续顽抗。

日军大势已去
被迫投降

1945年8月15日，日本政府宣布投降，但关东军并未停止抵抗。苏军继续进攻。后贝加尔方面军于16和17日相继攻占扎兰屯、洮南、通辽、赤峰、张北等地。

由于道路泥泞，坦克集团军只能沿铁路路基运动，每昼夜前进速度平均40至50千米，主力在先遣支队后面跟进，部分兵力继续围攻海拉尔筑垒地域。

远东第一方面军的第一和第五集团军于17日攻占牡丹江市，俘日军40000余人。当日，方面军右翼第三十五集团军进占勃利，左翼第二十五集团军进占图们，并向朝鲜推进。

部分兵力仍在虎头和东宁筑垒地域同日守军进行激烈争夺战。远东第二方面军的第十五集团军于17日攻占佳木斯后，沿松花江追击退却之日军。第二集团军在航空兵和炮兵支援下，对孙吴筑垒地域展开猛烈攻击。

8月17日，关东军下令停止抵抗，日军开始投降。鉴于各兵团离战役目标尚远，华西列夫斯基于18日命令各方面军派出快速支队，迅速进占重要城市和交通枢纽。

从18日起，苏军以临时编组的小分队，先后在13个重要城市实施空降，控制机场和市区重要目标，接受日军投降。20和21日，东西对进的苏军快速支队分别在哈尔滨、长春、沈阳会合。驻守虎头和东宁筑垒地域的日军，直到8月26日才停止抵抗。

与此同时，8月11日至25日，苏军第十六集团军在太平洋舰队部分兵力的协同下，实施了南库页岛进攻战役；8月18日至9月1日，远东第二方面军

黑色太阳

　　一部在第十六集团军一部和太平洋舰队的编队协同下，实施了千岛群岛登陆战役。

　　此前，南库页岛战役已开始。8月10日，远东第二方面军军事委员会给第十六集团军下达了如下任务：令配有加强兵器的步兵第五十六军，于8月11日

苏军总攻日军海拉尔要塞（雕塑）

10时，在航空兵支援下向古屯、气屯、上敷香、内路等方向发起进攻，突破日步兵第八十八师在古屯筑垒地域的防御，攻占上敷香、敷香和内路等城。

随后，该军奉命不得在内路、敷香一带停留，而应沿该岛的东西两岸继续向南进攻，肃清南库页岛的全部日军。

经过5天的顽强战斗，步兵第五十六军越过日军前沿地带，于8月16日突破了古屯筑垒地域的主要防御地带。攻下古屯地域后，日军在国境线上所构筑的整个防御体系就被打垮了。残存的几个抵抗支点已被苏军围困，继而被消灭。苏步兵第五十六军的基本兵力继续向南进攻。

与此同时，远东第二方面军的部队在太平洋舰队的协同下，还进行了数次登陆战役，目的是使日军不能从日本本土向库页岛增调兵力，以便迅速围歼岛上日军，解放南库页岛全境。

8月16日，登陆部队攻占了该岛西岸的惠须取（索勃列沃）海港及其市区。8月20日，另一支登陆部队攻占了真冈海港及其市区。这支部队继续向东南方向发起进攻，于8月25日

攻占了雷多加以及重要的海港和海军基地大泊。8月21日，向丰原方向发展进攻的步兵第五十六军，攻下了海港敷香和内路等城市。

为了更快地击溃和肃清南库页岛的日军部队，苏空降兵于8月24日在落合、丰原等地的机场着陆。8月25日，第十六集团军的主力赶来与空降兵会合。

经过激战，第十六集团军在古屯地域突破了日军强固的边境筑垒防线，向南库页岛腹地推进了360公里，并在太平洋舰队的舰艇协同下，粉碎了日步兵第八十八师，迫使日第五方面军18000名官兵缴械投降。

苏军在中国东北和库页岛的顺利进攻，为实施肃清千岛群岛日军的登陆战役造成了有利形势。

日军在千岛群岛上构筑了极为强固的防御工事，封锁了苏联海军由鄂霍次克海驶往太平洋的一切出口。

战役于8月18日晨开始。苏步兵第一○一师和海军陆战队一个营组成的登陆队，在第四二八榴弹炮团及其他加强兵器的支援下，在占守岛登陆。

登陆是在出人意料的浓雾中进行的。日军发现登陆兵后，企图用反冲击将其赶下海去，但未成功。日军的人员和技术装备遭到很大损失，溃散成许多小股，向该岛腹地逃窜。

到8月23日傍晚，岛上的12000名日军官兵便向苏军投降。到9月1日，苏军肃清了千岛群岛所有岛屿上的日本军队，日军的47000名官兵缴械投降。

远东战役，苏军共歼关东军、伪满军和伪蒙军的全部，第十七和第五方面军的一半，总共10个军、一个集团军级集群和一个区舰队。日军损失官兵约70万人，其中83000余人被击毙，60.9万余人被俘。俘虏中有陆海军将级军官148名。苏军伤亡32000余人。

被苏军缴械与俘虏的有：日军的23个步兵师、10个步兵旅、1个摩托化敢死旅、2个坦克旅、2个航空旅、1个步兵师和1个骑兵师，以及其他各兵种和特种兵的许多兵团和部队。

苏军缴获了大量的战利品。仅后贝加尔方面军和远东第一方面军就缴获1565门火炮、2139门迫击炮和600辆坦克、861架飞机、9508挺轻机枪、2480

挺重机枪、2129辆汽车、约1.8万匹马、679座仓库及许多其他战斗技术装备和军用物资。远东第二方面军和红旗黑龙江区舰队俘获日军松花江江上军的全部舰艇。

苏军发动远东战役，不仅士气高昂，兵力雄厚，而且占有政治上、经济上、军事上和外交上的全面优势，并集中使用了最新技术成果和在苏德战争中的作战经验，利用了日军在作战指导上的一系列失误，从而加速了对日作战的迅速胜利。

反观日本，在苏联发动远东战役时，其政治、经济、军事、外交都面临总崩溃。首先，日军大本营在"本土决战"与坚守"满洲"之间举棋不定。1945年5月，日军大本营明确指出：苏军进攻"满洲"，北部正面是辅助突击方向，东西两面将采取向心突击；决战的主力位于西部正面，东部为决战的次要方向。这说明，日军对苏军进攻企图的判断基本上是正确的。依据这一判断，理应建立以大兴安岭为屏障的西部防御体系。然而，关东军在西部正面只配置了3个多师兵力，而且防御工事薄弱，主力却部署在哈尔滨、长春、沈阳以东地区。

随着战争形势日益对日本不利，日军大本营于6月作出"维护国体，保卫皇土"为目标的决策。这一决策，实际上是在战略上实行总收缩，放弃"满洲"，保卫朝鲜和日本本土。据此，关东军不得不把主要兵力部署在东部和南部地区，以便阻止苏军南下朝鲜，掩护本土决战。对西部防御，既不愿放弃，又无力坚守，只好将兵力收缩至通化、临江一线建立防御体系，但终因兵力不足，在苏军强大攻势面前，一击即溃。

其次，日军由长期的进攻战略被迫转为防御战略，军事体系转不过来，防御准备不足。另外，对苏军进攻的时机判断错误，也导致了日军一触即溃。最后，作战思想不统一，指挥不稳定，也是关东军战败的原因。

第 二 次 世 界 大 战 亚 洲 战 事

空袭东京

　　1942年4月18日，美国派出由吉米·杜立特中校指挥的16架B-25米切尔式轰炸机，轰炸日本本土，以作为对1941年12月7日日军偷袭珍珠港的报复。这是唯一一次美国陆军航空队的轰炸机在美国海军航空母舰起飞执行的战斗任务。此次空袭，日本死伤人数达69万人。另有1600余架飞机被摧毁、48艘舰艇被击沉、11艘舰艇被击伤、155艘运输船受创或沉没。

美军实施
空袭东京计划

到1944年年底，美军在太平洋已取得了决定性的胜利，简而言之，美军已然彻底摧毁了日军的外围防御圈，开始着手准备进攻日本本土了。

但在"向天皇效忠"的疯狂信念之下，日军并没有因为一步步失败而丧失斗志，反而更加疯狂。越是逼近日本本土，美军遭受到的损失就越大。美军迫切需要摧毁日本的军事工业生产能力，摧毁日本人的斗志。在登陆日本本土的战斗开始之前，空袭日本本土尤其是东京的工作变得非常重要。

1945年1月，美军李梅将军在关岛走马上任了。他是俄亥俄州哥伦布市一个工人的儿子，由于既不是名门之后，也没有有影响的政治家给予支持，因而进不了西点军校。

但他毫不气馁，完全靠自己的努力奋斗，从一名B-17飞行堡垒式重型轰炸机的驾驶员，一步步晋升为将军，直到出任美第二十一轰炸机队司令部司令。

3月，李梅手头已经掌握一支实力雄厚的B-29超级空中堡垒式轰炸机编队。这次准备使用这种巨型机对日本本土进行轰炸。

早在1944年6月16日，以中国成都为基地的约20架B-29式机轰炸了日本仓幡地区。这是最早使用这种巨型机对日本本土进行轰炸。

至1945年1月，以中国为基地的B-29式机前后出动10次，每次40至80架不等。这些轰炸在经济上给日本带来的打击并不很大，但对日本法西斯集团精神上的打击却非同小可。

马里亚纳群岛的塞班岛、关岛被美军一举攻下以后，这里就成了B-29超

级空中堡垒式重型轰炸机战略轰炸日本本土的大本营。1944年11月24日，这是一个非同寻常的日子，第二十一轰炸机队的110架B-29式机飞扑东京，意欲进行一次白昼精确大轰炸——这是自1942年4月杜立特中校率机空袭东京以来的第一次。

不料事与愿违，空袭轰炸的效果却大大令人失望——仅有东京的一个飞机制造厂受到皮毛之伤。虽然美机在125架日机截击下损失轻微，仅有2架B-29式机被击毁，但总共却只有30架美机找到了轰炸目标。

李梅自上任以来，曾先后派轰炸机对日本本土出击了16次，投下了5000吨炸弹，但没有一个主要目标被消灭掉，相反，B-29式机却损失很大。

日机、地面炮火共击落美机29架，机械故障损失21架，另外还有15架这种"大宝贝"不知是什么原因损失的。对美军来说，即便是损失一架珍贵的B-29式机都算一个重大事故，因而问题极为严重。面对这种局面，1945年3月，李梅在深思熟虑之后，终于作出了大战期间一项重大的军事决定：把自

轰炸机群 ⬇

己毕生的事业，把太平洋战争后期整个空中战略轰炸的前景，把价值4亿美元的334架B-29式机以及3000余名官兵的生命，孤注一掷。他决定派遣大批B-29式机携带燃烧弹低空夜袭东京市，决战决胜。

当李梅把他的作战计划第一次告诉他的飞行勇士们之后，他们莫不惊讶万分，当得知李梅要他们把飞机上所有的机关枪拆下来以减轻飞机重量以便加载更多的燃烧弹时，他们尤感震惊。可李梅认为：这种低空轰炸是一次奇袭，不会遇到战斗机的拦截，拆掉机炮还可以避免在黑暗中造成误伤。

当然，李梅清楚有很多因素将决定这一出击的成败，诸如风力、所载的油量、漫漫夜空中的领航、日本战斗机的截击、发动机的故障、间谍的活动等等，若有一项错误便会导致这一重大空袭计划的破产。

此刻李梅已获悉日本人已在本土聚集了5130架飞机，其中有3000架是自杀机和"樱花弹"。如果这些珍贵的未携带任何武器的B-29式机在空中被日机截击，那么这些"大宝贝"完全有可能葬身异国，一去不返，其后果将不堪设想。

面对这一切，李梅心坚如铁。这一重大的决策连太平洋战区不少有关的高级将领也一无所知。这纯粹是一场赌博！然而，李梅能否成为赢家呢？他自己也并无多大把握，赌了再说吧！

3月9日下午，在第三一四轰炸机联队队长鲍尔准将的率领下，334架B-29超级空中堡垒式重型轰炸机从关岛基地起飞。庞大的机群掠过碧波万顷的太平洋海面，雄姿英发直扑东京而去。

坐镇司令部的李梅将军在B-29式机群起飞之后，一直忐忑不安，如坐针毡。他把一切赌注都押在了深入龙潭虎穴的3000名空中勇士的身上。勇士们在出发之前，都曾得到如下很不吉利的训示："你是B-29式机的空勤人员，如果你被打了下去，你就要准备承受日本人最粗暴的待遇，你生存的机会不多。"这一切大有"破釜沉舟"之势。

第二次
世界大战
亚洲战事

实施火攻
取得成功

夜阑人静，星月全无。李梅将军凝视着黑暗的天空，他的眉头紧锁着，硕大的哈瓦那雪茄几乎也快被他的牙齿咬成两段。

李梅将军的至交，39岁的参谋长克斯勒准将在旁边不断地宽慰他。

"半个钟头以内，我们该收到鲍尔的报告了。"由于极度困乏、紧张，李梅好像苍老了10岁。

"唔，假如我失败了，当然无话可说，我知道这些日本人的本领。不过我还是认为我们能飞进去，投下燃烧弹以后再飞走，而不至于受重大的损失。"他喃喃地说。

如果鲍尔能按计划完成任务，这个时候该收到他发回的电讯了。因为机群已起飞半个多小时了。

"上帝，但愿他们没有遭到截击，否则我们此行就完蛋了。"自夜幕降临以来，李梅几乎是第一百次看表，现在，时间恰好是凌晨1时15分，"如果我们不马上听到回音，他们一定是有了麻烦……"

B-29式机群确实遇到了麻烦，而且是不小的麻烦。

在黑暗的苍穹里，尽管美机采用的是低空飞行，并且是在黑夜行驶，但若干架B-29式轰炸机的引擎还是被东京凶猛的防空炮火打坏了。

日本的高射炮火炸开了轰炸机薄薄的机身，火焰从油箱部位向外燃烧，黑暗的天空中便出现许多小小的红点，与下方交错闪烁的弹道相辉映……战争在残酷地进行着。

"投弹了！"克里尔上尉驾驶的超级空中堡垒式飞机内轰炸员史密斯高

107

兴得叫起来。

　　每架Ｂ-29式机起码载有24枚227公斤的燃烧弹，每枚之中又有许多束3.5公斤重的Ｍ69燃烧弹。这些燃烧弹摇曳着离开了炸弹舱，窜入夜幕中，高速坠向1700米下方那咆哮着的火网里，克里尔觉得变轻了的飞机急剧上升。

　　"抓紧！我们要赶快离开这鬼地方。"为了避免造成不必要的伤亡，李梅命令此次空袭以单机进行而不是以编队的形式进行，因而美机各自为战。

　　在克里尔所驾驶飞机旁边，其他的Ｂ-29式机在东京夜空中疯狂地俯冲、爬升，仿佛完全失去了控制似的，此起彼伏。每一架B-29式机，那60吨重的庞大躯体竟然像飓风中的一张纸，被从东京市反冲上来的爆炸热风强烈冲击着，在空中飘飘摇摇。从高空俯瞰，下方闪闪的火光在跃动，东京变成一片流动着的火海。

　　在关岛，心事重重的李梅，雪茄从他的嘴角垂了下来，浓眉蹙成一堆，直到眼睛眯成了一条缝。他擦掉前额的汗水，转身对着聚集在屋子里的参谋

被打中的飞机

军官说："这个决定完全是我作出的，当然由我承担一切责任，我要向五角大楼报告……"他此刻的心情简直是糟透了。

正在这时，司令室的门砰然打开，一份急电递交给李梅。

"鲍尔发来的！"只见那电报上写道："已投弹，目标地区一片大火，高射炮火密集，极少战斗机。"发报时间是凌晨1时21分。

屋子里顿时响起一片欢呼声："感谢上帝！"李梅此时也抑制不住内心的喜悦，竟然高兴得跳了起来。

此时此刻，日本首都的心脏地区烈焰熊熊，大火映红了夜空。每架B-29式机携带6至8吨燃烧弹，其燃烧面积可达65公亩。334架B-29式机对东京投下了2000余吨燃烧弹。

焚烧发出的噼啪声，逃命者的呼喊声，震撼夜空。整个东京变成了一座混乱恐怖令人无法想象的火的地狱。鳞次栉比的木制房屋烈焰熊熊。火借风势，风助火威，东京居民穿过熊熊大火四散奔逃。

参加这次空袭的托马斯·鲍尔将军说："我还从来没有看见过像东京那样引人注目的场面。"这一场面，用日本人的话来说，就是："令人惊恐已达到无法形容的地步"。

空袭中，美军方面的损失为：9架超级空中堡垒式飞机被击落在火海里，有5架B-29式机身负重伤，勉强飞离东京后迫降在海面上。42架B-29式机负轻伤，但安然飞返了基地。

夜间火攻东京，对美军来说，是一次蔚为壮观的史诗般的成就。对日本人来说，则是无法想象的灾难。"李梅的赌博"成功之后，据现场拍摄的侦察照片显示，东京市区约有41平方公里的土地被焚烧得荡然无存，东京的1/4被夷为平地，其中18%是工业区，63%是商业区，其他为住宅区。

美军计划要进行轰炸的22个工业目标，全部被焚毁，化为一片灰烬。26.7万余幢建筑物付之一炬，100万人无家可归，8万余人被烧死，10万人被烧成重伤。火灾之后，日本用了25天时间才把碎砖破瓦清除干净。

鲍尔将军后来说道：

　　3月9日的火攻东京，是战史上单独一次轰炸造成最大损害的一个战例，它比原子弹轰炸广岛、长崎的损害之总和还要大。

　　在世界战史上，这次火攻比任何一次军事行动都造成了更多的伤亡。

　　火攻东京之后不到30小时，317架B-29式机又夜袭名古屋，该市的飞机制造中心随即化为一团火焰。13日，300架B-29式机轰炸了拥有300万人口的日本第二大城市大阪，1700吨的燃烧弹自天而降，约20.7平方公里市区在3小时内被焚毁。16日，厄运又降临到神户头上，2300吨燃烧弹将其变为火城，神户的造船中心在烈焰中也化为乌有。

　　在短短的10天之内，第二十一轰炸机队共出动B-29式机1600架次，到19日，空袭停止，因为在这连续攻击中，美机共投下近10000吨燃烧弹，燃烧弹告罄。

　　这种史无前例的从空中火攻日本本土，免除了登陆作战所必然造成的大量伤亡的危险。空袭结果，无疑缩短了通向胜利的征程。

　　不仅美军如此评述这次空袭，而且日本人在谈到火攻的战略效果时，也直言不讳地说："这些空袭动摇了这个国家的根本基础。"

日本遭到
沉重打击

1945年3月份大规模火攻东京等城市之后，日本各大城市都成了轰炸名单上的重点，7月份的空袭则达到了高潮。

当时的空袭简表是这样记载的：

4月7日，伊势地区惨遭空袭。13日，皇宫与宫殿一部分被焚烧，明治神宫则化为乌有。日本举国上下不胜悲凉。

5月份，美机总共出动了4855架次，单是B-29式机就达2907架次。

自6月份以后，美机空中轰炸扩大到日本本土广大区域，并进一步发展为对大、中、小城市一律进行空袭，交通线也理所当然地遭到了轰炸。

至7月份，美机对日本中小城市的轰炸进一步加剧，对濑户内海及日本海港又不断实施鱼雷攻击，日本内海交通濒于断绝。

7月4日，美军宣布，截至当日止，日本已遭到美机10万吨的炸弹的轰炸，很多城市在焚烧。杜立特将军宣布："如果日本继续抵抗，它将遭到的不仅仅是10万吨炸弹和2400架俯冲轰炸机的攻击，而是3000架B-29超级空中堡垒式重型轰炸机的轰炸。"

7月10日起，美航空母舰编队也开始"关注"关东方面的战事。这一天，1220架美舰载机，铺天盖地飞向大阪神户等地。特别是7月13日、14日，对北海道东北地区的空袭尤为猛烈，日本方面措手不及，损伤惨重。短短两天，美机出动竟达1820架次。与此同时，舰炮对日本海岸进行了轰击。

对于美军的空袭，日军深恶痛绝。日军大本营海军别出心裁，计划派遣300名特别陆战队队员，搭乘特攻机30架，于7月下旬月明之夜，对马里亚纳

美B-29式机基地实施空降部队敢死白刃战，一举捣毁美B-29式机的大本营。

　　然而正当日本人在三泽基地密谋策划之际，7月14日突遭美机空袭，日军挖空心思设想的方案，毁于一旦。

　　7月17日，尼米兹通过广播电台宣布：“美国舰队的大口径舰炮可以直接轰击北海道濒海地区的城市。”

　　美军对日本的包围圈正在不断缩小，此时日本的防御体系已经解体，游弋在日本近海海域的美舰舰员们，站在甲板上就能清楚地看到日本本土灰色的海岸大火熊熊、浓烟滚滚。

　　7月24日，日本濑户内海遭受美、英两国海军航空母舰编队舰载机袭击，日本海军基地吴港遭到轰炸，港内3艘航空母舰、1艘巡洋舰、22艘其他舰船被击沉，击毁日机113架。

　　7月28日，美、英舰载机又一次大规模地袭击吴港，在这一天的袭击中，共击沉战列舰3艘，重巡洋舰3艘和轻巡洋舰2艘，击毁飞机144架。日本的海军就此倾家荡产，残存舰只在港内被一网打尽。

　　大空袭给予日本以空前沉重的打击。

　　据美军统计，自1945年1月至8月，对日大空袭仅B-29式机就出动了33000架次。日本计有1600余架飞机被摧毁、48艘舰艇被击沉、10余艘舰艇被击伤、约155艘运输船受创或沉没。日本死伤人数达69万人。其中死亡31万余人、伤35.1万人、失踪24000余人。日本国内，共有98个大中小城市被炸得面目全非。大都市的烧毁率，如名古屋市、阪神地区等都在50％以上，烧毁房屋总计约143万幢。但京都、奈良、热海等著名的文化、游览都市，皆未遭空袭。

　　大轰炸中，数以万计的市民争相逃离城市，无家可归。自3月9日经历燃烧弹的袭击之后，东京老百姓的情绪十分低落。特别是李梅投下警告性的传单，把他下一步要轰炸的目标事先告知日本国民，这就更加使他们惊慌与沮丧。

　　总计有850万人逃往农村，工厂工人的缺勤率到1945年7月已达49％；

炼油工业生产下降了83％；飞机引擎生产下降了75％；飞机骨架生产下降了60％；电子装备生产下降了70％；600多家主要军事工厂被炸毁或遭到严重破坏。

这场大轰炸使日本交通也遭受到毁灭性打击，海上交通随后完全瘫痪。由于下关海峡、濑户内海和本州沿海各港口都有美机布雷，日本一些主要港口成为废港。海上主要航路自不必说，就连日本本土各岛屿间的交通也濒于断绝，煤炭、粮食与生活必需品都无法供给。至此，战局岌岌可危，不可挽回，朝野焦虑，帝国根基趋于崩溃。

第二次世界大战之初，日本人自以为有天皇保佑，加之对外多有斩获，自认为处于世外桃源之中。

终于有一天，战火烧到了他们自己身上。怪谁呢？"天作孽犹可存，人作孽不可活。"

炸弹爆炸时腾起的烈焰 ▼

黑色太阳

第二次世界大战亚洲战事

核战纪实

  1945年8月6日8时，美国政府为了以最小的代价和最快的速度结束战争，命令美国B-29轰炸机在日本广岛投放了第一颗原子弹。8月9日，又在长崎投放了第二颗原子弹。由此，美国成为在战争中第一个也是唯一的一个使用原子弹的国家。据不完全统计，原子弹爆炸后，广岛当场死难者达78150人，负伤失踪者为51408人。长崎伤亡95000人，失踪5000人。

美国新式武器
研制成功

　　1945年4月12日，就在美国政府集结大量兵力准备大举进攻日本本土之际，罗斯福总统因脑出血而猝然离开人世。消息传出后，最高兴的当推日本军界，因为在他们看来，美国人失去了这样一位精神领袖，一定会陷入混乱之中，到时候日本便可以趁机发动反攻，以获得新的胜利。

　　但美国政府机构并没有如日本所愿瘫痪。短短的两周之内，新总统杜鲁门便接过总统宝杖，继续开动战争机器向日本直压过来。而且，杜鲁门要做的第一件事便是：了解原子弹的威力与性能，以便尽快投入到日本战场上。

　　1945年，欧洲战场在惊天动地的爆炸声中迎来了人类渴望自由与和平的真正的春天。

　　4月16日清晨，随着一声令下，苏联百万红军从东、南两面，英、美盟军从西面一起发动了对纳粹德国首都柏林的总攻，一时间万炮齐鸣，火光冲天，欧洲西部这块小小的地方被炸得焦头烂额。

　　德军终于绝望了，当成批的士兵像被割倒的芦苇般纷纷倒下去时，德军前线总指挥凯瑟尔元帅无奈地举起了白旗，剩余的70000多柏林守军全部成了俘虏。在苏联朱可夫元帅炯炯的目光之下，凯瑟尔沮丧地在投降书上签了字，第二次世界大战欧洲战场上的硝烟开始慢慢散去。

　　德国投降得如此之快，一时令数以千计的"曼哈顿工程"中的科学家们惶惑不安起来。因为在此之前，他们之所以废寝忘食、夜以继日地拼命工作，就是希望赶在德国投降之前造出原子弹，并用它给希特勒政权以毁灭性的打击。但现在的事实却是：德军已经投降，还要原子弹干什么呢？

德国科学家爱因斯坦 ⬆

　　欧洲战场的和平过早地降临，使得许多参与研制原子弹的科学家都不由得后悔起来，因为他们担心自己将成为破坏世界和平的千古罪人！这其中就包括几年前直接敦促美国政府下此决心的大科学家爱因斯坦和西拉德等人。

　　而一些美国本土的科学家更是强烈反对美国政府研制原子弹。比如，诺贝尔奖获得者尼尔斯·波尔当年就预测：

　　　　原子弹一旦出现，必然会"进一步引起世界范围的军备竞赛，这种竞赛发展到极致，又可能成为新一轮世界大战的重要催动力量，而这次大战一旦爆发，军队与常规武器都将是多余之物，整个人类也将是多余之物——因为地球极可能在这场核战争中毁灭！"

117

对于波尔这种强烈的抗议，美国当时的总统罗斯福则摆出这样一种折中的姿态：

首先，由于人类对原子裂变的掌握程度足以使各大国都有可能在未来的几十年内相继造出原子弹。因此，既然谁也不能保证如果美国停止核研究，其他国家也会老老实实地步美国后尘，因而美国人只有一往无前地继续干下去，直到成功的那一刻为止。

其次，作为一名具有强烈人道主义精神和仁爱之心的大总统，罗斯福在对付日本时是否启用原子弹这一问题也始终持保留意见。

罗斯福当年是这样设想的：不直接在敌国投放原子弹，而是在太平洋某个地方安排一次核爆炸的表演，必要时可以邀请敌对国家的使节观看，以证明美国人的强力和仁慈。万一敌方视而不见，到那时再使用原子弹也未尝不可。

然而，罗斯福没意识到：自己已经是病入膏肓，且当时美国人制造的原子弹只有3颗，如果浪费一颗进行表演，万一其余的两颗失效又该怎么向美国人交代呢？这也正是他的继任者杜鲁门总统之所以要坚决停止核表演，转而直接向日本投掷原子弹的重要原因。

原子弹到底是一种什么样的武器呢？即使是职业军人出身的杜鲁门也无法搞清这一科学事实。他根据自己对普通炸药爆炸当量的理解，试探着询问主管核武器研制的格罗夫斯将军："一枚核炸弹爆炸，到底相当于多少颗常规炸弹呢？"

"从理论上估计，第一枚核炸弹大约至少有1000吨烈性炸药爆炸时的威力，这就相当于派出200架轰炸机全副武装地同时轰炸某一地区5次以上。"

听到这个数字，杜鲁门很是吃惊，因为一次爆炸1000吨烈性炸药，那将会是一个什么样的恐怖景象呢？肯定可以扫光爆炸点周围的一切生命！

杜鲁门不禁流露出兴奋的表情。但他却没料到，格罗夫斯将军汇报时所说的数据，与核武器实际爆炸的威力相差甚远。不过，不是大得多，而是小得多。以后来投掷到广岛的那颗原子弹为例，其爆炸力就相当于20000吨烈性炸药，比他所估计的高出20倍以上。

由于格罗夫斯所汇报的原子弹的威力已经彻底征服了杜鲁门，后者便立即成立一个有关"曼哈顿工程"的专门咨询委员会，其中包括马歇尔将军、史汀生部长、贝尔纳斯部长以及布希等3位科学家。

很快，该委员会向杜鲁门呈交上第一份具有重要历史意义的材料，它直接揭示了原子弹的本质意义，不仅"可以从军事上压制对手，而且还是政治上取得优先权的重要砝码"！

当年，在罗斯福执政期间，美国政府估计世界战争局势时并未把原子弹的作用考虑在内。尽管德国投降后，美国不依赖苏联的力量完全有能力打败日本，但强攻之下付出的代价将是十分惨重的，它不仅会消耗掉美国1/5的财力，而且很可能牺牲上百万美国官兵的生命。

正是基于这样的设想，罗斯福才请求苏联出兵，并私下承诺赞成苏联在中国东北拥有许多优越的利益。的确，对于美国人而言，久居中国东北的70万日本关东军力量不可小觑，加之日本军队越是向国内收缩，其抵抗就越发顽强，而在日本的南部和中部，其兵力就多达200万人以上。

同时，为了准备最后的一击，14至55岁的男性公民一律参战，这一下便可为日本提供至少300万的后备军队。面对如此咄咄逼人的气势，对原子弹的威力尚无十足把握的罗斯福自然只好求助于暂时的朋友苏联了。

本来，根据美、英、苏等国过去达成的协议，1945年7月1日，美、英、苏三国首脑和外长将去德国柏林，召开"波茨坦会议"，以讨论和确定第二次世界大战后处理德国问题的种种原则以及划分各自的势力范围。

但是就在会议召开的前一个星期，美国政府突然照会英、苏大使，要求把原定召开会议的日期推迟到7月17日。美国政府到底打算搞什么新花样呢？

斯大林当时虽然有所警觉，但还是未能察觉美国人的真正意图。因为谁也不会料到，美国之所以推迟开会时间，目的只有一个：杜鲁门是要等待原子弹的试爆结果。

的确，人类历史上第一颗原子弹的试爆结果是杜鲁门参加"波茨坦会议"之前所要考虑的重要内容。如果试爆失败，美国人的口气自然会软下

来；而一旦试爆成功，有了原子弹这张王牌，美国人自然要口气强硬，多占一些利益，而苏联人肯定不敢据理力争的。

那么，试爆成功的可能性又有多大呢？为了验证这个问题，杜鲁门坐立不安，一再地催促科学家们拿出最为成功的方案来，并以生命作为保障。因为一旦试爆失败，20亿美元的代价就要付诸东流了。

幸运的是，试爆成功了！杜鲁门长吁了一口气，他整理好文件后，便带领几名得力干将兴致勃勃地赶往波茨坦会场。一场新的较量拉开了帷幕。

会场是不见血肉的无形战场。在波茨坦会议上，实质性的问题都一一公开地摆在了桌面上，美苏开始了拉锯式的讨价还价。

当时，杜鲁门和丘吉尔的如意算盘，就是希望尽可能减少苏联今后在国际事务中的地位与影响，特别是在日本问题上能把还未出兵的苏联排除在利

美国原子弹"小男孩"

益圈之外。在开始的试探性交谈中，杜鲁门不无得意地向斯大林透露：美国人已拥有了一种威力无比的"超级炸弹"。但令人奇怪的是，斯大林的口气竟一点也不惊讶，而是很平淡地说："好呀，那就使用吧！"

斯大林的态度倒使杜鲁门大大地吃惊，也使得后者自以为原子弹是谈判桌上重要筹码的想法一下子破灭了。为了出这一口恶气，为了给不知天高地厚的苏联人一点厉害瞧瞧，杜鲁门在经历了一个难熬的不眠之夜后终于拿定主意：提前使用原子弹，给日本人以致命一击，同时也给骄傲的苏联人一记重锤。不过，为了日后好做文章，美国人特意在会议期间向日本政府发出一份与众不同的照会，以一种不多见的客气而委婉的口气希望日本早日投降。

这种罕见的温和口气使日本人感到了温柔背后的"可怕的一刀"，但又无法想象真正的威胁是什么。但日本国内的军部力量却并不在乎这种"无关紧要"的威胁，在他们看来，只要美苏不联合夹击，日本完全可以消灭美国的进攻之旅，这正如铃木首相当时在回答记者提问时所说的："日本本土将成为美国陆军的又一个珍珠港。"

日本人的无知态度带来的恶果是十分严重的，以致在后来于7月27日发出《波茨坦公告》后，日本政府依然不闻不问。这一冷漠的态度传到贝尔纳斯国务卿耳朵里后，他当即就向还在犹豫的杜鲁门说："等待已无任何意义，该是我们动手的时候了。"

"嗯，无论如何，我们也得抢在苏联出兵之前解决日本问题。"杜鲁门猛地一巴掌拍在办公桌上，愤然说道。

自从有了原子弹做后盾，美国人愈发担心苏联的一举一动会破坏自己的计划，因为至1945年7月底，苏联分布在东南部的准备围歼中国境内的日本关东军的人数已达到160余万，同时在武器装备上也远远领先于日本。

种种情形都在表明，一旦苏联人攻入日本本土，美国人到时想用原子弹都没机会了。因此，当务之急是立即投掷原子弹。

其实，在1944年12月，美军参谋长联席会议就拟订了在日本本土实施登陆的计划，但随着美军在冲绳岛登陆后所付出的巨大代价，尽快使用核武器

的需求也摆到了总统面前。种种迹象都在逼迫杜鲁门做一件事情：抢在日本本土被进攻之前使用原子弹！

尽管此时使用原子弹轰炸日本的意图才真正确立，但实际上，美国空军一直在进行投掷原子弹的模拟演习。

早在1944年夏，也即"曼哈顿工程"的参加者确信原子弹是切实可行的前一年，格罗夫斯将军就开始做战争中使用这一新式武器的准备工作了。

在如何运用交通工具运载原子弹的问题上，格罗夫斯最初考虑当时十分有名的B-29型轰炸机，接着又考虑采用一种英国的重型飞机。

直至1944年秋，美国人才最后确定仍然使用B-29轰炸机，只是对它进行了一系列的改装，以方便运载与投弹。

首先，为了最大限度地减轻飞机重量，他们拆除了飞机上的防弹甲板和所有进攻性武器，只留下机尾仅有的自卫式大口径双管机枪。

这样，即使装上重达数吨的原子弹，这种超级的"空中堡垒"仍能达到1.2万米的飞行高度，而这一高度是日本一般歼灭机所无法企及的。

经过美国军事部门的一番深思熟虑，1944年秋，素有"空中无敌手"之称的保罗·蒂贝茨上校被任命为这支特殊空军部队的总指挥。

这位曾参加过对德的首次轰炸，并在中国战场展露过惊人的技术的空军飞行员，还当过艾森豪威尔将军的座机驾驶员。后来他一直担任B-29轰炸机的飞行工作，可谓身经百战，经验丰富。

蒂贝茨上校深知此次任务的艰巨，尽管他还不知道行动的具体内容是什么，但从总统的亲笔信以及上司那独特眼神中他已深深明白此次任务的重要性，他亲自挑选机长，并全面负责组建机组人员。

一切准备就绪后，全体人员立即投入紧张的训练，训练的主要地点定在犹他州的沙漠地带。中心任务是：飞机飞行于10000米高空，对准目标投下炸弹，随之转弯疾升，在炸弹投放后的40秒钟之内，飞机必须远离爆炸点13千米以上。这种严格而单调的训练一直进行到投掷原子弹的前一刻，足见美国人对此事的准备之充分。

1944年年底，格罗夫斯将军在现场考察了飞行大队的模拟训练后十分满意，他宣布空军联队的第一阶段训练圆满结束，尔后将迅速派往古巴，在那里完成余下的训练计划内容：在海上进行远程飞行训练。

就在德国签署无条件投降书的当天，美国这支特殊空军部队的首批支队便昼夜兼程，悄悄从温多佛基地转移到了关岛附近的提尼安岛空军基地，直接接受第二十航空司令官的指挥。

这些太平洋岛屿对于美国人而言，简直就是不沉的航空母舰，因为每天都有数百架重型轰炸机从该基地出发，不顾千里奔波轰炸日本本土，目的只有一个：要让日本的工业文明消失，退到数万年前的石器时代。负责投放原子弹的特殊空军支队，从1945年6月开始进行系统而周密的战斗飞行训练。这些训练都是采用2至9架编队进行，以提高各机组的领航和投弹技术，而且按未来原子弹突袭时的3机编队，多次飞抵日本上空，使机组人员熟悉日本空域的气候、地形、地物以及日军防空火力，熟练掌握投弹程序。

自7月20日开始，美军对日本进行了一连串的空袭，4天中连续进行了约12次轰炸，每次袭击出动飞机2至6架，所袭击的目标，不是预投原子弹的目标，而是在其附近，并尽量使这些试验性轰炸和将来真的原子弹轰炸相近似。在领航程序、高空单机接近、目视投弹以及投弹后迅速脱离等方面，均严格按预想方案实施。这些炸弹是4535千克的炸弹，其弹道近似原子弹。据称，他们先后进行过4次实战演练，投掷模拟弹38枚，主要使用目视投弹，雷达投弹只试用过8枚。

到了7月底，这支特殊的飞行大队已做好掷弹的一切准备工作，日本人的灭顶之祸就要来临了。

"小男孩"
首先降临广岛

当格罗夫斯把早已准备好的投掷命令送到波茨坦后，1945年7月25日，杜鲁门终于签署颁发了这一重要命令：

卡尔·斯帕茨将军：

第二十五军特殊飞行大队，必须在1945年8月3日后的第一个星期内作好投掷准备。一旦气候适于目视投弹，请立即在下列几处目标选择一处，投掷第一颗原子弹：广岛、小仓、新潟、长崎……

为什么首选目标是广岛呢？美国决策者是这样分析的：首先，广岛地处日本本州岛东南沿海，是日本大城市。由于前些时候的战乱，该市已有12万人疏散到农村，市内仅有24.5万余人。

它是日军第二军总司令部所在地，同时又是日本陆军的一个重要军运港口和日本海军护航舰队的集结地，这是美国人首选的重要依据。

此外，这个城市还有2.5万军队，他们曾是侵略中国山东、河南两省的主力部队。

而且，据查该地区已有20多天没有降水，房屋干燥；地形平坦开阔，且市中心建筑物密集，是理想的核爆试验、实地考察原子弹杀伤破坏作用的场所。再者，美军已查明这里没有战俘，不必担心伤害战争法规中所保护的第三国人员。

至于其他几个城市，以小仓兵工厂与京都较受注目。其中，小仓兵工厂是日本大型军火厂之一，那里有日本多种类型的武器和其他防御材料的制造厂。从地形上看，对该地区投弹军事意义极大，但政治影响不大。

而京都作为日本故都，人口达100多万，也是著名工业城市。由于战时没有遭到轰炸，许多居民和工厂都迁到这里。这儿虽然是个不错的攻击目标，但国防部长史汀生却认为：京都作为历史名城，毁掉它必将引起不必要的仇恨，遗留下日后无法解决的纠纷与责任问题。至于长崎，则是第一枚原子弹投弹后才定下来的。

今天看来，美国人之所以要直接向日本投掷原子弹，还与杜鲁门的战略决策息息相关：一个是美国政府当时最关注的是战后东欧事态的发展。战争必胜当时几乎已成定局，是否使用原子弹已无关紧要。但美国是世界上唯一一家拥有原子弹这一事实本身，以及这种炸弹能够显示的无穷威力，足以对整个世界包括其盟国产生巨大的威慑。一方面对树立战后美国的世界大国地位有利，另一方面，可以使战时的盟国、战后必然的对手——苏联能够接受美国制定的战后世界的计划，尤其是在美方与盟友之间有争议的问题上，能够将美国的意志强加给其盟国，迫使他们接受美国提出的关于中欧和东欧的建议。

正是基于此点考虑，原子弹在杜鲁门总统的政治、外交底牌中占有重要地位。在召开"波茨坦会议"时，杜鲁门就是为了能够将原子弹的王牌带到会场，而将原定于7月1日的开幕日期拖了半个多月。

罗伯特·奥本海默曾说："我们受到不可思议的压力，一定要在三国首脑波茨坦会晤之前试验原子弹的填药。"

很明显，原子弹的首次试验是存心赶在"三巨头"会晤之前进行的，以便对苏形成威慑。

而在投掷原子弹的具体时间安排上也是精心考虑的。

"曼哈顿工程"的参加者菲力普·莫里逊说："我可以作证：8月10日对我们一直是个神秘的期限。我们必须不顾一切代价、冒任何风险，在这个日

期之前将炸弹制成。"

一本在日本印行的《关于原子弹轰炸后果的白皮书》中这样指出："对于不了解雅尔塔会议内情的科学家来说，8月10日的确是一个无法解释的神秘的期限，但对于美国政治领袖来说，他们明白这是苏联向盟国保证的参战日期。"

虽然，西方国家曾多次破坏关于在欧洲开辟第二战场的保证，但他们并不怀疑苏联会信守诺言于8月10日对日宣战。

为此，美国一定得赶在8月10日之前采取行动！要制造一种效果：仿佛迫使日本投降的不是苏军的打击，而是美国的原子弹。另一方面，在此刻展示新武器的可怕威力，还可以使战后的世界对美国俯首听命。

一个是美军拟定的攻取日本的作战计划：1945年9月占领日本本土南部，1946年3月攻占东京。但鉴于日本顽抗的立场，盟军将不得不以高昂的代价征服日本，估计会损失100万美国人和50万英国人。而倘若首先使用原子弹，则情况将会大为改观。

另一个是美国已经把20多亿美元花在了原子弹的研制上，政府官员们认为无论如何做一次试验是十分必要的，既然要试验，与其投在无人知晓的荒漠之上，不如扔在敌人的头上，以雪珍珠港之耻。

从以上这几个观点出发，原子弹的使

126

第二次
世界大战
亚洲战事

用首先能够使美国达到长远的政治目的，又能取得军事上的直接优势，同时也获得了原子弹实战使用的效果，一举多得。

正因为形势的需要，使得杜鲁门终于把罗斯福一直犹豫不决的事情敲定了下来。不过此时的杜鲁门还特别授意，从1945年7月27日至8月1日，美国每天都出动飞机在日本各大城市上空散发《波茨坦公告》和其他传单。

传单上警告说，如果日本还不接受《波茨坦公告》的全部内容，他们将

原子弹爆炸前的广岛示意图 ⬇

会受到更猛烈的空中轰炸。而且，每次传单散发后一小时，随之而来的便是一次普通炸弹的猛烈轰炸。对于这一种先抚后杀的手法，顽固的日本政府一点也不担心。

终于，到了8月2日，执行轰炸任务的特殊大队机群进行了最后演习。

8月2日，大队接到命令，派出7架Ｂ-29飞机轰炸广岛。其中一架飞机运载原子弹，由大队长蒂贝茨亲自驾驶，另两架飞机担任观测，3架飞机担任气象侦察。

此外，还有一架飞机作为预备队，留在硫磺岛机场，随时准备替换发生故障的飞机。在轰炸以后，还指定有两架飞机进行效果检查。第二十航空队负责担任援救任务。

8月5日14时，用蒂贝茨母亲的名字命名、代号为"埃诺拉·盖伊"的Ｂ-29飞机装载了原子弹，弹身上满是用铅笔写的给日本天皇的信。这天晚上，飞行员们吃惊地从蒂贝茨那里获悉，他们要执行的具体任务是扔一颗破坏力相当于20000吨炸药的特殊炸弹。

5日傍晚，最后的检查工作已经全部完毕，原子弹安然无恙，飞机随时可以起飞。

起飞前，机组人员每人领到一副电焊工用的护目镜，以便在炸弹爆炸产生强烈闪光时护住眼睛，接下来进行祈祷仪式，机组人员都把头低下来，由年仅27岁的牧师威廉·唐尼进行祈祷："……上帝啊，我们向您祷告，愿战争早日结束，和平早日重临人间。上帝保佑今晚飞行的飞行员安全无恙返回……"这是所有准备工作的最后一项。

8月6日，起飞基地提尼安岛时间1时17分，3架气象飞机首先起飞。2时45分，装载原子弹的飞机机组共12人也上了飞机。

"起飞"命令下达后，装载原子弹的飞机冲向跑道，加速前进。但是，由于飞机太重，上面除了装有5吨重的原子弹以外，还有2650升汽油。飞机以每秒80米的速度全速滑行，可是飞机仍起飞不了。已经看到跑道尽头了，蒂贝茨万分焦急，身上沁出汗水。

　　在这千钧一发之际，他用尽全力把驾驶杆一拉，机头终于抬起来了，紧接着其他飞机也跟着依次起飞。

　　载着原子弹的飞机和观测飞机起飞后，在硫磺岛上空集合，然后爬到航行高度。按原先规定，如果广岛、小仓和长崎这3个城市都被云遮蔽，不便目视，可以把原子弹带回。

　　据气象机构报告，当时广岛上空云量极少，完全可以目视轰炸，因此决定轰炸广岛。机上工程人员把原子弹各部件进行最后装配、检查。观测飞机用降落伞投下测量仪器，进行最后测量。

　　3架美国B-29型空中堡垒巨型轰炸机，迎着夏季的海风从太平洋上的提尼安岛缓缓起飞，向着距离有3200千米的目标日本本土飞去。

　　其中"埃诺拉·盖伊"轰炸机中，正"熟睡"着一名即将闻名世界的原子弹"小男孩"。

　　几个小时后，这颗前所未闻的炸弹，就要随着它的落地而向人们宣布，一个新的时代——原子时代的到来。

　　"小男孩"原子弹，全身黑色着装，外表看去酷似大海里的鲸鱼。这颗原子弹制造精巧，工艺细致、考究。

　　"小男孩"身高3.05米，体重4.09吨，腰围直径0.711米。"小男孩"肚内装有60千克核原料铀-235，爆炸当量约20000吨。

　　位于日本本州岛东南沿海的城市广岛，人口有30多万，虽然太平洋战争爆发后，日美交战，但人口并未减少，只是到了战争后期，日本节节败退，为了减少美国空袭带来的损失，才从城中疏散走12万人，全城现仍有居民24万人左右。

　　尽管广岛是日军第二军总司令部驻地，又是一个军港，在军事上有重要意义，但奇怪的是，这一军事重镇自开战以来，未受到战火损伤，美军轰炸机很少光顾这个城市。

　　几天前，美国飞机破天荒首次飞临这里，警报响起，男女老少一齐疏散，往防空洞中跑去，然而飞机临空，却只撒了一些传单，便很快飞走了。

飞机在闪烁的天空中迎来了黎明。"目标——广岛！"领航员重复着机长的命令。飞机上升到近万米的高度，天空万里无云。不久，广岛便已在飞机下方出现。飞行员们望去，它如一个变形的手指头，南端码头直伸入美丽的濑户内海，海边小山绵延起伏。

这天，广岛天气晴朗，气候炎热。广岛时间7时9分，响起一阵警报，美军飞机数架飞上广岛上空，盘旋几周后又飞离而去，没有轰炸。

8时整，广岛上空出现3架飞机，虽然这时已经发出了空袭警报，但广岛居民好像没听见似的。因为美军飞机不断对日本国土进行轰炸，人们已经习以为常了。美军气象飞机离去时才解除警报，现在又有飞机飞来，又拉警报，市民都疲惫了。

因此，广岛市民很少有人进入防空壕进行隐蔽，他们有的正在工作，有的正在街上，有的还在翘首仰望飞机，指指画画。

机组人员都戴好了他们领到的电焊工用护目镜。他们已经发现了广岛的主要标志相生桥，它坐落在广岛市中心。

蒂贝茨打开了自动驾驶仪。投弹手菲莱少尉俯身把左眼贴在诺尔敦瞄准器上，相生桥进入瞄准器的十字线上。他打开自动投弹系统，启动了电子投弹器。

8时15分17秒，飞机骤然爬升，把大型黑色圆筒状的原子弹从大约10000米的高空投了下去。这时飞机急忙作了一个155度的大转弯，向下俯冲，使飞行高度下降300米。为了不使飞机遇到危险，设计者给原子弹带上了用尼龙做的降落伞，以延长原子弹在空中降落的时间，以使投弹飞机有足够的时间脱离现场。

随即，另一架观测飞机舱门打开，3个包裹落下，变成了降落伞。吊在它下面的形状像灭火器一样的圆筒，是一架把爆炸数据发射回去的发报机。

广岛的天空和地面非常平静，看见那3个降落伞的人们以为是美机中弹，飞行员跳伞逃生，大部分日本人在这时仍然十分自信。

可是，天空中突然发出一道闪光，看见它的人无法说出它是什么颜色。

就在这一刹那，广岛的时钟几乎全部都停止了，指针指在9时15分上。

原子弹在离地面600米的高空爆炸，形成一个巨大的火球，火球发出的热核裂变，使爆炸中心附近千米范围内瞬时腾起了浓烟大火。

戴着特别护目镜的机组人员看到一道紫白色闪光，随之而来的是震耳欲聋的大爆炸。顷刻之间，广岛上空有一团直径约4800米的深灰色烟云，烟云中心腾起一道白的烟柱，烟云在顶部形成蘑菇状，然后离开烟柱。而烟柱顶部又形成蘑菇状。

"我的天哪！"副驾驶员罗伯特·刘易斯上尉说道，"我们干了些什么？"

飞机剧烈地摇摆起来，使人头晕目眩。一股气浪向他们袭来，飞机被猛烈撞击了一下，然后被高高托起，像是愤怒的大海上卷起的一朵浪花。

"高射炮！"蒂贝茨大叫一声。他的判断力出了问题，以为飞机被高射炮击中了，气得直骂娘。可是飞机四周并没有出现烟雾，二次气浪再度袭来，飞机又摇晃起来。气浪过去之后，飞机摇摇摆摆地掠过目标开始观察。

蒂贝茨下令用明码发电报说，已经轰炸了第一个目标，目测效果良好。帕桑斯则用密码发了一个电报：

> 结果干脆利落。各方面成功。目测结果大于"三位一体"。
> 投弹后机内情况良好。正返回"教皇统治区"……

广岛成了一片火海。在爆炸中心500米之内，温度接近100万摄氏度，把所有的东西都烧成灰烬。居住在爆炸中心方圆800米内的所有居民都被烧死。

爆炸引起了巨大震波。震波又引起火灾。浓密的黑烟、碎石和蒸气迅速冲入天空，在高空形成一片"蘑菇云"，完全遮住了太阳。

驻守在广岛的日本第二军司令藤井在最初几分钟内就被烧死在城堡附近的司令部内。整个指挥系统失灵了。日军通信大楼的通信器材完全被破坏，无法使用。

在距爆炸中心16公里以外的地区，人们仍然感到炽热的气流。由于市民没有防御原子弹的知识，在原子弹爆炸后放射性污染还很严重的情况下，就到受炸地区行走，加之救护机构被摧毁，受伤人员没有得到及时救治，致使死亡率大增。

我国一位旅日侨胞在几十年前目睹了这一历史情景，他回忆说：

这天上午，我正在拉着黑红布窗帘的试验室做8光照相试验，忽见一道白光一闪，我一怔，以为电线保险丝发生事故，正待去查看，又听轰隆一声震耳欲聋的巨响，我本能地卧倒在地板上。过了一会，当我爬起一看，满屋尘土什么也看不清。

走廊里传出日语的喊叫声。我在烟尘弥漫中摸着走出室外，钻进防空洞。从洞中再往外一看，原来青天白日的天空，现在突然变成淡黄色。

静下心来向四周一望，防空洞内不少人都受了伤，我这才发现自己的皮肤也在出血。我走出防空洞回住处敷药。

一路上，房屋倒塌、颓垣断壁，许多地方起了大火，成群成群的人受伤，不少人倒在街头，惨不忍睹，衣服被烧焦，头发被烧光，皮肤被烧黑，无数人在瓦砾中呻吟。

广岛上空的大气被强大的冲击波搅动着，迅急上升的原子云柱带上水蒸气在高空又凝结成雨点，夹杂着放射性污染了的尘埃一块块落下来，天空下起了小雨，雨点落在烧伤的皮肤上……曾是几十万人的熙熙攘攘、充满生命的城市，眼下却是满目疮痍的一片废墟。

70000多人丧生、60000多人受伤、60000所房屋被破坏、12平方公里的土地被波及，所有人均无家可归。到处是浓烟，尸体遍布各处，建筑物在劈劈啪啪地燃烧，水管在任意冒水，没人救火、没人抢修，连急救车也无法出动……

132

广岛化为焦热火海，广岛被摧毁了！

与此同时，执行轰炸任务的美军3架飞机返回提尼安岛，受到一大群高级官员的迎接。其中有从关岛特意赶到的空军第二十航空队司令斯帕茨将军。在驾驶员蒂贝茨走下飞机时，司令给他戴上了一枚杰出飞行十字奖章。后来，参加这次特殊任务的其他人员都由空军授予了勋章。

当原子弹在广岛爆炸后，为了避免惊慌，日本政府并没有让国民知道广岛被原子弹轰炸的真相。最初，连铃木首相也不相信报告中所说的一枚炸弹就导致了如此巨大的毁灭一事。由于政府封锁消息，因此，除了邻近地区了解一些情况外，日本全国并无多大的震动。

8月7日，杜鲁门总统发表这样一个严正声明：

> 7月26日波茨坦发出的最后通牒旨在拯救日本民众免遭彻底的毁灭，但他们的领导人物迅速拒绝了这个最后通牒。
>
> 如果他们现在还不接受我们的条件，他们的毁灭将从天而降。地球上从未出现过类似的毁灭。

但连这一消息也被日本政府封锁了。在东京的主和派——外相东乡建议接受美国人提出的上述条件，但其他人都表示反对，因为在他们看来，广岛上空爆炸的根本就不是什么大威力的原子弹，而是几百架飞机同时投弹的结果。

这些主战派一致认为，日本目前还未到放下武器的最后时刻，他们决心再在日本本土打一场大的决战。

"胖子"无奈
驾临长崎

在了解到日本人的上述态度后,杜鲁门又毫不犹豫地向关岛的美空军部长下了最后的命令:"除非另有特殊指示,否则依然按原计划行事。"

言下之意是,美军还将在最短时间内——也就是在苏联出兵前一天,将研制完成的最后一颗原子弹抛向日本本土。

第二颗原子弹为什么偏偏扔在事先并不被美国统帅部看好的长崎呢?这里面有许多不为人知的秘密:

第二颗原子弹是内爆式的钚弹,绰号叫"胖子"。这颗原子弹的投掷日期,最初的计划是1945年8月20日,后来又改为8月11日。8月7日,在轰炸广岛成功的第二天,又从预订的时间表里减去了一天。

但是,根据天气预报,8月9日是个好天气,而8月9日以后将有连续5天的坏天气。这就给决策人提出了一个非常简单又非常严峻的问题,要么再提前一天,要么就推迟5天。他们选择了前者。

这是个艰难的选择,也是个冒险的选择。工程技术人员认为,这样干很不可靠。他们提醒说,缩短整整两天的时间,将妨碍一系列重要的检查程序。但是"命令就是命令",他们决定执行。

组装工作的进展很顺利。8月7日夜,"胖子"的内脏部分已组装完毕,紧凑地装进钢壳里,可以上飞机了。8月8日22时,"胖子"像它的哥哥"小男孩"一样,睡进了重型轰炸机B-29的弹舱里。

8月9日凌晨3时47分,"胖子"在热带暴雨中,伴着闪电划破的蒙蒙黑夜的亮光起飞了。驾驶载运原子弹的飞行员是查理·斯威内少校。与这架飞机

134

同时起飞的还有2架观察机。

这次轰炸目标主要指定了两个，主要是小仓，其次是长崎。为了尽可能轰炸第一目标，规定不管天气预报如何，轰炸机必须尽量靠近第一目标飞行，只有在肯定第一目标没有进行目视轰炸的可能以后，再飞往第二个目标。

为了避免进行摄影的飞机提前到达现场，要求他们在飞过硫磺岛以前，必须与硫磺岛和提尼安岛两地核对情况。如果由于情报不充分而怀疑，摄影飞机就必须把两个目标都拍摄下来。

但是，担任照相任务的B-29轰炸机不知什么原因，未能按时赶到会合地点。前两架飞机的驾驶员焦急地在空中盘旋了45分钟，仍未能见到他们的伙伴。最后得到指挥官同意，它们即飞向自己的第一个目标——九州的小仓。

当飞机抵达小仓上空时，由于城市烟雾很浓，飞机在那里环绕了半天，

原子弹爆炸瞬间 ⊻

没发现预定目标，而排在轰炸名单上的第三个城市新潟，路途太远，飞去有困难。

由于飞行燃料不够，决定飞往机器制造业集中的长崎这个候补目标试投，这时，机上的燃料已不多了，没有再多的选择余地，只能作最后一次行动，再迟延就有可能飞不回去。

长崎是个有20万人口的城市，建在一些陡峭的小山上。它的港湾面对东海。长崎是寓言传说中风景特别秀丽的港口。市区面朝港湾，浦上河从北面流进该湾。长崎很早就成了日本的主要对外贸易港口，它还有自己的工业区。

10时多，飞机飞到长崎上空，发现这里的天气也不好，云量很浓，目视条件并不比小仓好多少。于是决定采用雷达轰炸。

10时58分，在即将准备用雷达指挥投弹的一瞬间，突然发现云雾中出现了一个小缝隙，随即改为目视轰炸。投弹手瞄准了山谷中的一条跑道投下了原子弹。

长崎原子弹爆炸资料馆

但是，原子弹并没有投到原定的目标点，而是投到了该目标以北2500米的地方，即浦上河流域，落在两家大兵工厂之间，把两家生产军事物资的工厂炸个粉碎。

轰炸长崎的原子弹从8800米的高度投下。11时2分，长崎出现了异常炽亮的蓝色闪光，先是沉闷的隆隆声，接着刮起一阵狂风。

少顷，又一次颤动，冲击波和震动延续了5分钟的样子。当时，一架日本水上飞机在7000米的高空穿进云层，向长崎飞去。

日军飞机从云层钻出来时，驾驶员看到一根巨大的黑烟柱，上面"像一个怪物的脑袋"，不断地向上翻动，不时呈现出各种光怪陆离的色彩。热度很高的烟云也使飞机和机上人员恶心呕吐，并且从拉开的舱盖涌进一些黑色的尘土。

长崎的这一声爆炸，使得78000人当场死亡，受重伤的也达到70000人以上。更让人意料不到的是，在受难者当中还有不少外国人，甚至还有不少中国人。

当长崎原子弹爆炸后不久，日本军部举行了一次特别会议，他们依然坚持原来的主张：死战到底，决不投降。但日本天皇裕仁则一反常态，他在得知伤亡的人数后，当即写给铃木首相一封信，表示了自己的看法：遵从《波茨坦公告》的一切内容，无条件投降！

8月15日，裕仁天皇抵制住了反对派的种种干扰，亲自在全国广播了投降诏书，表示无条件接受《波茨坦公告》。与此同时，接到投降命令的陆相阿南、前首相近卫文麿则在绝望中相继剖腹自杀。至于头号战犯东条英机，在自杀前一刻被手下发现，抢夺了其手中的手枪才幸免一死，但后来在国际法庭上还是被宣判处以绞刑。

那么，如果美国人不扔原子弹的话，结局又会怎样呢？可以肯定的是，日本的失败早在原子弹爆炸之前便已成定局，只是两次大威力的爆炸提前了日本人在投降书上签字的时间。

137

原子武器的
惨烈记忆

在漫长的几分钟地狱般的劫难中，十几万平方公里的广岛被彻底毁灭了，34.3万市民中就有13万以上暴死。当时罹难人数达17.7万人。

广岛建筑物总数为76000幢，当场被摧毁70000幢。另外还有23个美国战俘也成为殉葬品。23个战俘中22个当场死亡，剩下一个活着的被日本幸存者从瓦砾中拖出来，乱石砸死。

城里的温岛品康子太太竟奇迹般地活了下来，被埋在她家酒店的废墟中，经过长时间的挣扎，她终于爬了出来。

她惊呆了，恍若置身于地狱，街道、房屋都没有了，地上全是焦黑的瓦砾，一堆一堆奇形怪状的焦乎乎的东西——那是尸体，活着的人大部分裸着身体或仍挂着一缕正在冒烟的布条，面目全非，头发、眉毛都被烧掉了，浑身漆黑。

更可怕的是一些人脸上、身体的整块皮已脱落下来，像软面那样挂在身上，一些人已没有了鼻子、耳朵，他们全都一声不响，毫无表情地四处游荡，像梦游似的。

几个少妇赤裸的上身竟像斑马一般——黑一道白一道，原来她们穿着蓝白相间的海魂衫，蓝道的地方被光辐射烧掉了皮肤、白色的地方却奇妙地抗住了光辐射。康子太太也像被施了催眠术一般，加入了这鬼魂般的游行队伍，她想，这可能就是佛教所说的阿鼻地狱。

在城南第六个街口，15岁的山冈美贺子8时15分正步出家门准备到电话局上班，她记得头顶有一个耀眼的"镁光灯"闪了一下，后来就什么也不知

道了。等她醒来，仿佛已置身于另一个世界，母亲、弟妹、家，都不在了。她爬过无数具焦尸，终于碰到了一个浑身是血的活人——而且是熟人，她欣喜地喊住了这个人。

这个人却怔怔地望着美贺子，他似乎并不认识美贺子，美贺子不禁摸了摸自己的脸——啊，眉毛和鼻子已没有了。

在同一地域，有350名女子商业学校的女生当时正在清理一块空地。她们全穿着蓝色的学生装。当蘑菇云腾空而起时，那些好奇地转身去看闪光的姑娘——约300人，立即身亡。

广岛原子弹爆炸后的建筑物遗址 ▼

12岁的松原美代子没有回头，她本能地捂住了脸扑倒在地。等她恢复知觉时，恍若隔世，周围是一片无法想象的荒凉景象，没有人、没有建筑物，只有一望无际的瓦砾。

她低头一看，吃了一惊，衣服已不翼而飞，腰间只残存着一根白色的布带，而且还冒着烟。她用右手去拍打，却发现自己的皮肤一块块滑落下来、摇摇晃晃地悬吊着。

广岛红十字医院的内科主任重藤文夫大夫当时正在电车站候车上班。等车的人排成一条长龙，他是最后一个，他背靠着广岛火车站的厚墙在低头看报纸。

一瞬间，天空似乎同时出现了数十个太阳，他抬头一看，前面人行道上一大群正准备上学的姑娘在刹那间变成了白色，白得几乎透明，随即就消失了。

他扑倒在地，一块大石板倒下来压在他身上——后面的墙和石板救了他的命。等他醒来却发现天已经黑了，可此时是早晨8时多。等云开雾散，他才发现一切都没有了，候车的人中他是唯一的幸存者。

一匹骑兵的马孤零零地站在路上。它变成了紫红色，光辐射把它的整张皮烧掉了。这匹马摇摇晃晃地跟着被房梁上的大钉子扎穿后背的下山一等兵。这匹马在下山的记忆里成了定格。在以后许多年中，他不断地梦见这匹无助、跟着它直到倒下的紫色马。

在已经消失的广岛城堡附近，却出现了另一幅场景，4个浑身是血、头发眉毛已被烧掉的人，跟跟跄跄地冒着大火抬着一幅天皇的巨幅画像跨过一具具焦尸在行进。

地下那些原本已奄奄一息、感觉迟钝的难民却像触电一般喊道："天皇的像！"满身是血的人们挣扎着站起来向画像鞠躬，无法起身的则双手合十祈祷。受伤的妇女则是跪伏在地上。不知什么原因，天皇的像却完好无损，而他的臣民却面目全非了。

有一个新的生命在这个"末日"里诞生。在原子弹爆炸前10分钟，富田太太生下了一个小女孩息子。接生婆刚给她剪完脐带包上块白布，灾难就降

临了。等富田太太醒来时，发现小女儿被抛在缝纫机上面毫无声息，但奇迹般地活着。

半小时后，致命的黑雨又淋湿了这个刚刚降临人间的婴儿，自爆炸过后，这个孩子就一声没哭过。可奇迹在这个女孩身上出现了。

她从此取名叫"闪子"，逐渐出落得十分漂亮、健康，后来成为广岛市的网球冠军，成为闻名世界的人物。

继广岛之后，长崎也毁灭了。战后广岛和平纪念馆馆长和冈省吾教授的调查结论是，至少有20余万人死于原子弹爆炸。

原子弹的烈火吞噬了长崎。据长崎行政官员估计，在爆炸瞬间和以后几天中，死亡人数为74800人。劫后余生的大部分人都得了奇怪的病：恶心、呕吐、泻痢、发烧、头发脱落，受害者身上出现了可怕的亮斑——红色的、绿中带黄的、黑色的、紫色的，一些人仅仅是手脚被灼伤，可后来竟吐血而死。恐怖笼罩着所有活着的人，谁也不知道自己能活到哪一天。

浦上河上漂满尸体，河水奇怪地变了颜色，呈黄红色。附近煤气公司的圆形煤气储存罐变成一个个大火球在空中跳舞，它们呼啸着飞向空中又落到地上，再被弹到空中。

一个幸存的画家目睹了这样一个惨绝人寰的场景：一个赤身裸体、浑身焦黑的男人，脸上毫无表情，怔怔地望着前方，他背上伏着个孩子，孩子的肠子已溢出拖到了地面上；旁边，一只毛已烧成纽结的猫，正抬头舐着一匹被光辐射剥了皮的马肚子上吊着的肠子，"吱吱"的声音让人撕心裂肺。

数天后，外地救援队开始进入这个一片死寂的废墟，首先要做的事是要处理那些在8月骄阳下迅速腐烂的尸体。救援人员开始收集那奇形怪状的尸体，集中起来用捡来的未被烧透的焦木火化。

核物理学家约伊什在战后写道："原子弹爆炸时伽马射线对骨髓、人体细胞及食道黏膜的破坏性作用，人们当时知之甚少。

"人们也不知道为什么在原爆区内患癌症的人数"与日俱增——这种病是绝症。医生们弄不清楚为什么有些人连灼伤都没有——看起来完好无损，

141

却会猝然死去。

"不过，广岛和长崎的居民谁都不怀疑，对一切有生命的东西产生致命影响的正是从大蘑菇云里倾泻下来的'黑雨'，但人们不明白雨后留在身上的黑斑为什么无法洗掉，谁也弄不清楚水会变成这样：喝下去便要人的命，落到马路上和人身上的尘埃也会置人于死地。

"只是随着时间的推移，大家才渐渐明白发生了什么事情，医生们慢慢懂得了，广岛和长崎的市民大多是因为核辐射而死的，但却无力对他们进行救治，人们束手无策。

"辐射过后，人们持续呕吐，所有人的体温都在升高，心跳加快，达每分钟150次以上，血压逐渐降低，出现气喘，然后出血——苍白浮肿的皮肤上出现血，接着大面积溃烂，毛发脱落，血液成分急剧改变，然后便纷纷死去……"

辐射病的后果可能要经过几年甚至数十年才会显现，遗留下来的核子病在日本至今还威胁着40万生活在那片土地上人们的生命。

广岛女孩佐佐木桢子凄婉的故事曾感动过全世界。原子弹爆炸时，桢子年仅2岁，她母亲悲惨地死于黑雨之下。父亲悲痛之余还是为女儿幸免于难感到庆幸。桢子健康成长，活泼可爱，在小学校里成绩出类拔萃。

12岁时，桢子突然得了一种怪病——昏睡病。她被迫中断了学业以医院为家。诊断发现桢子因核辐射患上了放射病。当时，全日本乃至全世界都关心这个美丽的女孩，桢子也虔诚地祈求上苍能让自己活下去。

她坚信那个在日本家喻户晓的传说——诚心诚意地亲手折上1000只"千纸鹤"就能心想事成，消灾祛病。桢子夜以继日地折着纸鹤。可是，当折到644只纸鹤时，死神还是夺去了她的生命。

她还剩下356只纸鹤未完成就"乘鹤"而去了，在冥冥世界中去见她梦中的妈妈。这一长串644只纸鹤和桢子的照片现陈列在广岛"原爆"纪念馆中。

美军大规模空袭日本本土的代价是：B-29轰炸机被击485架，被击伤2702架，飞行员牺牲2041人……

142

战后，在"原爆"的废墟上日本人建立了"原子弹轰炸纪念馆"，馆中的陈列令世人触目惊心。

数十年来，参观者络绎不绝，观众大都泪水潸然。但是，展馆中的文字说明和解说词却只字不提为什么美国要对日本进行原子弹轰炸，日本又是怎样发起这场战争的。

日本学者镰田定夫指出：

广岛和长崎的体验只有在整个历史中认识。纳粹在格尔尼卡和奥斯威辛的大屠杀，导致了德累斯顿、柏林及其他德国城市遭受报复轰炸。

同样，南京大屠杀和偷袭珍珠港招来了东京大空袭、广岛、长崎原子弹轰炸。军国主义和法西斯是在种族歧视、压制人权和排外主义、对外侵略等土壤上滋生、发展起来的。

同为日本人的镰田定夫的一席话，值得每一个爱好和平的人细细品味。

143

中國遠征軍抗日

The Anti Japanese War Memorial

士紀念碑

xpeditionary Force

黑色太阳

第二次世界大战亚洲战事

滇缅远征

　　1941年12月，日本侵略缅甸，企图通过对缅甸的占领，侵夺美国取道缅甸的援华战略物资，全面封锁中国。1942年2月，中国派遣远征军由滇西进入缅甸，与日军进行战斗。盟军在太平洋战场取得主动权后，中国远征军对缅滇日军发起了反攻，并于1945年3月将日军全部赶出缅北和滇西，打通了中印缅公路。

远征军
异邦救援英军

　　1942年2月，中国政府根据《中英共同防御滇缅路协定》，调遣3个军10个师共10万多人，组成中国远征军第一路军，由副司令长官杜聿明率领第五、第六军进入缅甸，不久，又增调第六十六军进至缅甸北部的重要城市曼德勒地区作战。这一仗，一打就是半年多。

　　太平洋战争爆发后，日军在短时间内占领菲律宾、泰国、马来西亚、印度尼西亚等地，由于兵力不足，未能进兵缅甸。这样，缅甸一度成为国际同盟与日本法西斯的必争之地，战略地位越来越突出。

　　英国时刻都在关注缅甸的态势。1942年2月16日，英国首相丘吉尔在发给缅甸总督的电报中，坦率地说：

　　　　我认为，缅甸以及同中国的联系在整个战区中是最重要的一环。

　　丘吉尔认为，对于英国，必须"守住缅甸……用它作为保卫印度的最后一道屏障"。

　　英国在丢失了太平洋沿岸的一些战略据点以后，如果再失去缅甸，就会失去在亚洲大陆的南翼屏障，甚至动摇英国在亚洲的根基。

　　中国政府认为，由于滇缅公路是中国的一条重要国际通道，缅甸对抗日战争具有重要影响。抗战爆发，日军侵占中国的华北、华东以及东南沿海的广大地区，截断了中国海上的国际交通。为了打破日军对中国的全面封锁，

146

中国亟待开辟新的国际通道。

当时，缅甸首都仰光经曼德勒到中缅边界的重镇腊戍，已经有一条铁路。云南境内，昆明至下关也有公路。为了修筑腊戍至下关的公路，1937年11月至1938年8月，滇西各族人民在极其恶劣的环境中，凭着一腔报国热情日夜奋战在筑路工地上，在不到一年的时间里，抢修出了一条长达547余公里的交通干线，这就是举世闻名的滇缅公路。

美军驻中国战区总参谋长史迪威将军认为，如果日军占领缅甸，中国就将失去滇缅公路。如果能确保缅甸的安全，中国就能保持住西南的国际交通线，"使租界物资能继续通过仰光畅通无阻地运送到中国"，打破日军从西南包围并进攻中国的企图。

日本当局把缅甸看做是南方占领区的一道西南屏障。日军看到，占领缅甸，不仅可以建立"大东亚共荣圈"的大陆屏障，还可以西进印度，下中东与德军会师，北上中国西南地区。

日军如果占领缅甸，就能控制印度洋，就能从海上控制印度和中东，就能有力地支援太平洋海战。日军认为，占领缅甸，"不但是为了切断援蒋路线，从保卫西面的角度来说，也是特别应予重视的地区"。

在战略利益的驱动下，对缅甸控制与反控制的斗争日益激烈。

日军发动太平洋战争的一个重要战略目标，就是占领缅甸。日军攻占马来半岛和菲律宾等地以后，就积极准备进攻缅甸。为此，日军决定，新成立的第十五集团军以第三十三、第五十五师团为主力，对缅甸作战。

1941年12月，日军第十五集团军司令官饭田祥二郎到达曼谷。日军大本营为了尽快攻占东南亚各国，指令第十五集团军迅速调集军队，调整部署。

缅甸北接高原，南临大海，除伊洛瓦底江和萨尔温江下游有盆地和平原外，多为高原山地，大部系山岳丘陵，峰峦纵横，地形复杂，部队行动不便。为了适应缅甸的地形特点和交通状况，日军把部队的车辆编制改为驮马编制，可见日军对发动侵缅战争用心良苦。

1942年1月4日，日军两个师团从泰国出发，经麦索侵入缅甸境内。日军

攻占缅甸首都仰光后，又增调两个师团，总兵力约95000人，飞机250架。

1月19日，日军占领缅甸南部的战略要地土瓦，控制了丹那沙林地区的3个主要机场，这就切断了英国军队从缅甸对马来西亚的支援。

1月20日，日军第五十五师团主力突破泰缅边境守军的防线。30日，第五十五师团进至毛淡棉附近时，与缅甸军队和英国军队发生激战。2月4日，日军第三十三师团占领拔安。

2月9日，第十五集团军接到命令，日军南方军司令部命令该军：

继续现在作战，尽量歼灭敌人，进到仰光地方，且务必在其以北取得地盘，以准备对曼德勒和仁安羌附近的作战。

缅北高地，战斗越来越激烈了。

滇缅路作战，是中国军队与英国军队共同对日军进行的一场战斗。1940年10月，滇缅公路重新开放。1941年2月，英国政府任命丹尼斯少将为驻华武官。

丹尼斯支持中国抗战，他到任后，代表英国政府向重庆方面提出了中英结成军事同盟、共同抗击日寇的建议，受到重庆方面的赞同。但是，日军偷袭珍珠港前，中英双方在缅甸的军事合作进展缓慢。

日军偷袭珍珠港，进攻美国、英国、荷兰在太平洋的其他属地，这使亚洲由中国持续四年半之久的单独对日作战演变成了中、美、英、荷、澳等国家联合对日作战。这是抗日战争的一个重大变化，也是中国远征军赴缅作战的一大背景。

12月8日凌晨4时，一阵紧似一阵的电话铃声把驻重庆郊外黄山别墅的蒋介石惊醒了，蒋介石不乐意地拿起话筒，"嗯"了一声，当获悉发生珍珠港事件时，立即起床，心急如焚地返回重庆。蒋介石预感到，世界大战出现了新转机。于是，蒋介石开展了一系列外交活动。

蒋介石刚刚回到重庆，又得知日军派飞机轰炸香港、菲律宾、马来西

亚，即于上午8时召开国民党中常会紧急会议，会议决定，立即对日本法西斯宣战。

下午，蒋介石分别召见美国、英国、苏联驻华大使，向他们声明："中国决定不避任何牺牲，竭尽全力与英、美、苏及其他诸友邦共同作战，以促成日本及其同盟轴心国家之完全崩溃。"

蒋介石还向美国和英国等国家提出三项原则：一是成立太平洋同盟和联军总司令部，推举总司令，由美国领导；二是要求英国、美国、苏联与中国一同对日宣战；三是太平洋战争胜利前联盟各国不许对日单独讲和。

这天，蒋介石还约见各国驻华使馆武官，说明中国军队准备对香港、越南、缅甸采取行动，配合各国友军作战。蒋介石在世界大战的关键时候，迅速提出了自己的见解，这曾经使他颇为自豪。

12月9日，蒋介石发电报给美、英、苏三国首脑罗斯福、丘吉尔和斯大林，建议在反轴心各国间组织某种联合军事会议，协调作战行动。

12月10日和11日两天，蒋介石分别邀请英、美等国大使和武官，商讨中、英、美、荷、澳五国联合作战问题。蒋介石请美国的马格鲁德准将电告美国总统罗斯福4项建议：

> 1.由华盛顿建议五国联合军事行动之具体计划，并以华盛顿为政治与军事中心点。
> 2.在苏联未宣战前，由美国建议香港、菲律宾、新加坡、缅甸、荷印区域间之四国联合军事行动之具体计划。
> 3.四国初步谈判集议地点应为重庆，其永久地点再行讨论决定之。
> 4.由美国建议五国军事互助协定之协定。

美国总统罗斯福在日本军队的突然袭击面前，一度犹豫徘徊，当他收到蒋介石的这份电报以后，立即给蒋介石复电。电文说：

立即发动步骤，准备一致行动，以抵御共同敌人，应视为异常重要之举。为达成此项目的起见，本人敬建议：由麾下最迟于12月17日在重庆召集联合军事会议，交换情报，并讨论在东亚战区最有效之陆海军行动，以击败日本及其同盟国。

罗斯福积极支持蒋介石的上述4项建议，主要是为了维护美国的利益。当时，美国为了推行"先欧后亚"的全球战略，迫切需要有一种力量在远东阻止日本。罗斯福认为，中国若积极行动，能够起到这种责任。

罗斯福从美国的利益出发关心缅甸的安全，他希望通过召开联合军事会议促使中国派兵到缅甸作战，用中国的军事力量保卫缅甸和滇缅公路。

美国陆军部长史汀生曾坦率地说，在英美总战略中，对德国作战是第一位的；横跨太平洋对日本的大规模"陆海空"行动是第二位的；"中印缅战区处于可怜的第三位。但是，就其战略和政治意义而言，世界的这一地区是极其重要的……它能

150

第二次世界大战亚洲战事

持续不断地提供以异常廉价的代价取得惊人的军事和政治胜利的可能性。"
史汀生还说，"从战略上讲，美国在这一地区的政策的目的是使中国继续作
战。"

英国首相丘吉尔为了维护英国的利益，很看重缅甸的战略地位。1942年
1月20日，丘吉尔在发给伊斯梅将军转参谋长委员会的电报中说：

作为一个战略目标，我认为使滇缅公路畅通无阻要比保持新
加坡更为重要。

滇西民众修筑缅公路（雕塑）

1月21日，丘吉尔又给这位将军发电报，他说：

> 缅甸如果丧失，那就惨了。这样会使我们同中国人隔绝，在同日本人交战的军队当中，中国军队算是最成功的……新加坡一旦沦陷，科里几多尔必将相继沦陷，这将使印度大大震惊；只有强大的部队的来到和缅甸方面战事的成功，才能把印度支持下来。

由于罗斯福和丘吉尔的支持，12月23日，联合军事会议在重庆召开。蒋介石主持会议。会议刚开始，中英双方就发生了争吵。

英国代表韦维尔上将公开声称，远东盟军的当务之急是防止日军进攻印度和缅甸。英国在东南亚对日作战，是为了保护自己的殖民地。在这种思想的指导下，英国曾公开把缅甸境内的一批美国援华物资据为己有。

蒋介石对英国的这种言行十分恼火。蒋介石一气之下，要何应钦发表声明，中国要停止中、英、缅合作，把所有在缅甸的租借物资全部退还给美国。美国代表马格鲁德见事态严重，急忙出面调停。经过三方代表长时间的争论，终于达成《远东联合军事行动初步计划》。这个计划的主要内容是：

> 首要的是防止日军进攻缅甸，这对于中国继续抗战和从中国向外扩展的任何联合作战，都至关重要。
>
> 通过继续以物资供应中国的办法，为中国军队对日最后进攻进行准备和训练。
>
> 中国军队继续牵制在中国战线上的日本军队。
>
> 一旦人力物力允许，即转为用可调集的全部中、英、美军队进攻日本。
>
> 设在重庆的联合军事委员会将召开会议，提供建议和情报，

使盟国最高作战委员会能够制定东亚战略。

尽早在美国设立永久性组织。

1941年12月23日，《中英共同防御滇缅路协定》在重庆签字。

1942年元旦，中国、美国、英国、苏联等26国代表在华盛顿签署了《联合国家宣言》，这标志着国际反法西斯战线正式形成。这天，蒋介石就任盟军中国战区最高统帅，美国的史迪威中将被任命为中国战区参谋长。

至此，中、英、美等国共同对日本军队作战的联盟基本形成。但是，由于各国的利益关系不同，这个联盟从成立之初就充满着矛盾和斗争。这是导致中国远征军入缅援英作战失利的一个重要原因。

2月，日军加强攻势，仰光告急，驻缅英军总司令小胡敦请求中国远征军进入缅甸。2月16日，中国根据《中英共同防御滇缅路协定》，命令在滇缅边境待命的第一路军副司令长官杜聿明率领第五、第六军进入缅甸，紧急向缅南、缅东地区开进。

中国远征军这次入缅作战的指导思想是："以支援英军确保缅甸国际补给线之目的，即深入缅甸境内，力求于曼德勒以南地区击破日军，状况不利时，主力以密支那、八莫为基地，一部以景栋为基地，策划持久，以确保国境。"

3月初，中国远征军接替英军仰光至曼德勒铁路以东至泰、老越接壤地区的防务。不久，第六十六军进入曼德勒地区，中国战区参谋长史迪威中将到达缅甸，第一路司令长官罗卓英于4月进入缅甸。

正当中国远征军日夜兼程向缅甸战场挺进时，英军却于3月8日轻易放弃了缅甸首都仰光。当时，中国军队的一名参谋在英军指挥部担任联络工作，但英军对于撤出仰光这样重大的军事行动，竟然不通知中方。对此，蒋介石很恼火。

3月9日，蒋介石召见史迪威，严厉指出，英军没有与中国军队真正合作。蒋介石已经看到，英军没有在缅甸认真作战的打算，不能与中国军队协

调作战。为此，蒋介石不同意再让英方指挥中国远征军，建议由史迪威将军统一指挥中英两国的军队。

史迪威毕业于美国著名的西点军校，是一名职业军人，比蒋介石大4岁。1920年至1923年，史迪威曾经到北京学习汉语，还在中国天津驻屯军任职，对中国的情况比较了解。

罗斯福总统任命史迪威为中国战区美军司令官兼中国战区参谋长，是希望他能够率军保卫滇缅公路，能够撮合中国的各派政治力量。史迪威则要求拥有对美国、英国、中国在缅甸作战的军队的指挥全权。对此，马歇尔表示，尽他的努力支持史迪威。

史迪威来到中国以后，蒋介石答应把入缅军队的军事指挥权交给他，但是，蒋介石同时提出，美国要给中国10亿美元的贷款。史迪威积极活动，终于促使美国国会在2月9日同意给中国政府10亿美元的贷款。

这使蒋介石在经济上得到不小的补充，也使蒋介石与史迪威之间的合作一度比较顺利。但是，这种建立在经济援助基础上的合作，是很脆弱的。

中国远征军入缅作战，牵涉英国、美国、中国、缅甸等多种关系，由于各自所处的战略地位不同，指挥复杂，协同困难。但是，中国官兵在异国土地上抗击日本侵略军，表现出了顽强的战斗精神和不屈的民族斗志，受到国内外的好评。

3月8日，中国远征军第二〇〇师在师长戴安澜指挥下进抵东吁，接收英缅军队的防务，掩护英缅军队撤退。

戴安澜出征前，蒋介石曾召见他。当蒋介石问戴安澜：孤军深入是否可以坚守？戴安澜坚定地说："此次远征，系唐明以来扬威国外之盛举，虽战至一兵一卒，也必死守东吁。"

3月10日，日军第五师团从仰光北面的勃固出发，沿铁路北上，向东吁推进。沿途的英缅军队见日军进攻，纷纷北撤。

3月18日，远征军第五骑兵团在彪关以南约20公里的一座大桥附近接应英军时，遭到日军第五十五师团先遣队的攻击，中国官兵与日军激战，掩护英

军安全撤离。当日军两个营孤立冒进，汽车队行至彪关河大桥北端时，预先设伏的骑兵团官兵突然把大桥炸毁。日军遭到中国军队的猛烈打击，大部分被歼灭。彪关河一战，中国远征军初露锋芒，沉重地打击了侵缅日军。首战的捷报，揭开了东吁保卫战的序幕。

中国远征军副司令长官兼第五军军长杜聿明从缴获的日军文件中得知，日军第十五集团军兵分三路，以曼德勒为主要目标，继续北上。当面之敌，最多不超过两个师团。杜聿明为了击破当面的日军，并协助英军收复仰光，决定集中主力组织东吁会战。

杜聿明的决定得到史迪威将军的支持后，亲赴东吁，指导第二○○师固守东吁。

这时候，日军加快了北上的速度。3月18日，40多架日军飞机分三批连续轰炸东吁。一时间，东吁全城起火，大火整整烧了一天，这个美丽的城镇被烧成一片瓦砾。

3月20日，日军第五十五师团一部在空军的配合下，以坦克、装甲车开路，向东吁外围阵地发起攻击。中国远征军第五军第二○○师的官兵顽强抗击，双方激战一昼夜，日军伤亡300多人，仍无法突破鄂克春阵地。

3月22日，日军改变进攻方式，以一部兵力迂回前进，又被中国军队击退。日军无奈，只得增加兵力，在20多架飞机的掩护下发起连续攻击。第二○○师官兵机智灵活，从日军的翼侧反击。

面对疯狂进攻的日军坦克，战士们用集束手榴弹将其炸毁，用燃烧瓶将其烧毁，日军的进攻连连受挫。日军官兵感叹：自从代库北进以来，"还是第一次与强敌遭遇，由于轻敌，致使进攻受挫。"

3月24日，1100多名日军向东吁以北的克永冈机场迂回，突然攻占了这个机场。杜聿明得知这一情况，急命第五军一个补充团从彬文那出发，向机场紧急增援。

但是，不等中国远征军赶到，机场已经失守。这样，第二○○师与后方的联系被日军切断，第二○○师迅速派出两个团，向占领机场的日军进行反

击，没有成功。

戴安澜师长看到，守卫东吁的第二〇〇师官兵已经陷入日军的三面包围之中，恶战难免。晚上，戴安澜师长立下遗嘱：如师长战死，以副师长代之。副师长战死，以参谋长代之。参谋长战死，以某团团长代之。

戴师长短短几句话，激励了斗志，鼓舞了士气，全师上下纷纷效仿，指战员们坚决表示，要誓死保卫东吁。

3月26日，日军第五十五师团向东吁市区发起猛烈的攻击，东吁西北角的阵地被日军突破。第二〇〇师官兵在戴安澜师长的指挥下，与日军展开了激烈的巷战，双方的伤亡都不小。

蒋介石得知缅甸的战况，致电中国远征军，提出在东吁、彬文那之间与日军进行一次会战。杜聿明看完电报，一面命令第二〇〇师固守东吁，一面急派第五军第二十二师向东吁增援。

3月28日，第二十二师进至东吁以北的南阳车站时，遭到日军的阻击。日军得知中国远征军的增援部队已经到达，竟释放糜烂性毒气，使中国军队遭到严重伤亡。

远征军增援部队与日军连续激战两天两夜，未能突破日军的阻击。守卫东吁的第二〇〇师粮弹缺乏，战斗非常艰苦。这时候，日军的增援部队第五十六师团搜索团于29日夜间加入战斗，该师团主力也接近东吁。而中国远征军第五军的预备队第九十六师还在输送途中。

在这种态势下，杜聿明看到，第五军无法集中主力与日军会战，无法解东吁之围。为了保存军力，杜聿明果断决定放弃东吁，命令第二〇〇师于29日晚突出东吁，退往彬文那。

史迪威将军坚持要以劣势兵力继续向日军进攻，当他得知杜聿明下达了突围的命令，表示坚决反对，并派参谋窦尔登进行监督。杜聿明表示：保全军力，这是任何一个指挥官的常识和义务。杜聿明拒绝了这个美国人的命令，组织部队主动撤退。

3月30日清晨，第二〇〇师安全渡过锡唐河，连伤病员也全部顺利转移。

日军占领东吁后，分兵两路，发展攻势。事后，戴安澜师长深有感慨地说：下令冲锋，原本是步兵打仗的口头禅；紧要关头，敢于下令撤退，才是指挥官的真功夫啊！

东吁战斗，第二○○师深入缅甸南部，同数倍于己、且有强大的空军支援的日军激战12天，歼灭日军5000多人，主动安全地转移，有力地支援了英缅军。战后日军在编写战史时承认：

> 当面之敌是重庆第二○○师，其战斗意志始终旺盛，尤其是担任撤退收容任务的部队，直至最后仍固守阵地拼命抵抗，虽说是敌人也确实十分英勇。

4月1日，曾经指挥英军敦刻尔克大撤退的英缅军总司令亚历山大将军驱车来到中国远征军第五军司令部驻地漂贝，特意会见杜聿明。这位英国上将称赞在东吁作战的中国军队英勇善战，对中国军队在东吁掩护英缅军第一师安全撤退表示感谢。

4月14日，英缅军第一师和英装甲兵第七旅在仁安羌被日军第三十三师团一部包围，情况紧急。14时，亚历山大将军当面告知中国远征军代表侯滕，要求中国远征军迅速给予援助。

中国远征军长官部得知这一紧急情况和英军的请求后，孙立人师长赶到英军第一军团长史林姆将军的指挥所，研究援救英军的作战方案。

17时，远征军长官部命令唯一的装甲兵团、第六十六军新编第三十八师第一一三团紧急前往支援。第三十八师受命后，副师长齐学启和第一一三团团长率领部队，星夜赶往皎勃东地区。

亚历山大将军看到战场形势严峻，一个团难以解围，再次要求中国远征军增派部队。中国远征军长官部命令第三十八师再派一个团前往增援英缅军。孙立人师长也亲赴战场指挥。

4月16日，日军进至仁安羌以东5公里，派出一个营直趋凯敏，师团主力

向仁安羌东北挺进。17日，日军切断了马圭至仁安羌的公路，第三十三师团主力逼近仁安羌。这时候，英缅军第一师全部、坦克营一部在仁安羌东北地区被日军包围，面对优势日军的围攻，英缅军官兵惊恐万状，把突围的希望寄予中国军队的救援，不断向中国远征军呼救。上午11时，中国远征军第一一三团进至宾河北岸，迅速进行向日军攻击的战斗准备。

4月18日拂晓，中国军队在英缅军12辆坦克和3门火炮的支援下，向该地日军发起攻击。激战数小时，日军被击溃。第一一三团右翼营士气高昂，渡河追击，但受到宾河南岸的日军阻击。英缅军第一师师长斯高特看见中国军队到来，如获救星，直言不讳地说："本师饮水及食粮断绝已两日，困难万分，官兵无法维持，势将瓦解。"

孙立人师长赶到前线后，得知英缅军的艰难处境后，连夜调整部署，集中兵力支援英缅军突围。

4月19日，天刚蒙蒙亮，第一一三团向日军阵地发起了猛烈攻击，激烈的战斗进行到14时，中国军队终于攻克了501高地，击破了日军的包围圈。

解救出包括英缅军总司令亚历山大在内的被围英军7000多人，美国教士、新闻记者500多人、汽车100多辆、战马1000多匹，全部收复了油田区。战斗结束后，中国军队掩护英缅第一师向宾河北岸陆续撤退。

英缅军官兵"三天的苦熬，已使他们狼狈不堪"，当他们被中国军队解救时，"个个竖起大拇指，高呼中国万岁，眼眶中竟都含有感激的泪水"。

中国远征军第三十八师一部在援救仁安羌的英军时，以不足千人的兵力，连续作战，英勇顽强，以少胜多，击溃日军，成功地解救出近10倍于己的英缅军官兵，不仅受到同盟的赞誉，英伦三岛也为中国远征军的英勇战绩所轰动。

英国政府后来向第三十八师师长孙立人、第一一三团团长等多人颁发了勋章。美国官方撰写中缅战场战史的一名作者评述这场战斗时说：

在第一次缅甸战役中，第三十八师及其卓越的指挥官一出

兵，就建立了他们的荣誉。

在仁安的巧妙的战役中，英勇干练的孙立人率领他的训练良好、士气旺盛的部队，完整无损地穿过了克钦邦，这真是罕有的成就。

4月下旬，日军调整部署，加强攻势。4月29日，腊戌失守。5月1日，曼德勒陷落。5月至8月，中国远征军陆续撤退，部队官兵历尽千辛万苦，先后回国。副司令长官杜聿明率领第五军直属队及新编第二十二师在森林中徒步。当时正是雨季，行军途中，连日暴雨，山洪暴发，官兵饥病交加，部队粮尽药绝，死亡累累，尸骨暴野。仅第二十二师，就因饥饿和疾病而死亡了2000多人。杜聿明自己也染上了重病，几乎殒命。

第二〇〇师师长戴安澜将军率领全师官兵撤退途中，于5月中旬与军部补训第二十八师部分官兵会处、第六十六军重新编合，穿越西保、摩谷公路的封锁线时，遭到日军的伏击，戴安澜师长在指挥部队作战时身负重伤，5月26日晚，进至缅甸北部的茅邦村，不治去世。该部6月回到云南时，全师仅剩2600多人。

第九六一师和第五军炮兵、工兵各一部撤退途中，进入山高路险的野人山，部队所至，毒蛇、蚊蚋遍地，粮药断绝，官兵行军艰难，死亡惨重。途中遭到日军伏击时，副师长胡义宾在督战时不幸阵亡。这支部队经过千辛万苦，终于翻过高黎贡山，于8月中旬抵达滇西剑川。

第三十八师在孙立人师长率领下，抵达印度的英帕尔。

中国远征军在极为复杂的国际背景下，经过一个多月的作战，在保卫东吁、解救英军等战斗中，表现得英勇顽强，受到广泛的赞誉。但是，由于丧失了最佳出国作战的时机，加之指挥头绪多等诸多原因，远征军出征中处于被动态势，未能达成战役企图。总兵力达10万人的远征军，8月先后撤到印度和滇西，只有40000人。

日军侵占
缅甸全境

  1942年上半年，日军侵占缅甸全境，日军在太平洋和东南亚的进攻达到高峰。这一结果，对中国、英国、美国等国家产生了强烈影响。

  日军侵占缅甸，滇缅公路被切断，这等于割断了中国的一条"输血管道"。一个时期里，国际援华物资和中国与世界反法西斯联盟的联系，仅仅依靠飞越世界屋脊喜马拉雅山的"驼峰"空中航线来维持。这对中国抗日战场产生了严重影响，中国军队的处境更加艰难。

  英国首相丘吉尔甚至担心，中国一旦崩溃，日军至少能抽出15至20个师团用于其他战场，日军可能在第二次世界大战的关键时期采取新的行动，这必将增加英美军队的压力。

  日军侵占缅甸，在相当程度上打击了美国，干扰了美国的太平洋战略。美国一度难以抽出军队直接同日军作战，在亚洲采取以军事援助为主的战略，因而需要借用中国的抗日力量。

  美国希望通过提供对中国的军事物资援助，让中国抗日战场拖住日本军队。美国希望中国军队能够逐步采取攻势行动，迫使日军把更多的兵力投放到中国战场，"使日军无法进行新的冒险"。

  为此，美国希望滇缅公路运输线能够畅通无阻。缅甸失守，美国的这一战略企图就难以实现了。

  日军侵占缅甸，直接威胁到英国在印度的利益。印度是英国在远东的最后一道防线，也是英国在亚洲殖民统治的心脏。缅甸失守，直接威胁印度东部边境，如果印度再被日军侵占，日军就可以控制印度洋，直趋中东。这不

仅使英国失去了在亚洲的巨大利益，还将严重影响到欧洲战场和北非战场。

缅甸在远东反法西斯战争中的特殊地位，促使中国、美国、英国等国都认真考虑对侵缅日军进行反攻这样一个重大的战略问题。远征军第一次入缅作战失利后，史迪威将军曾痛心地说："我们从缅甸逃出来，这是个奇耻大辱。我认为我们应该找出原因，然后打回去，收复缅甸！"

但是，由于各国在对日作战上的战略利益不同，在何时反攻、怎样反攻等一些重大问题上，长时间没有达成一致的意见。

蒋介石希望英国和美国能够把主要军事力量投放到亚洲太平洋战场，动员更多的英美军队对日作战，这样可以早日结束抗日战争。蒋介石提出，对侵缅日军的反攻行动，中国军队不能再冒第二次失败的危险，必须中、英、美三国陆海空军全力以赴，以求必胜。

但是，英国和美国的主要战略利益在欧洲，当时不可能集中力量对日作战。美国表面上对反攻缅甸比较积极，实际上只是敦促英印军队发动反攻，他们只是派遣史迪威将军来指挥中国军队作战。

英国把海上行动看做是击败日军的首选战场，因而不愿意在远东发动大规模的对日战争。

这场争论从日军侵占缅甸全境开始，经过各国首脑多次重要会谈，直到1943年秋，才基本明确了反攻缅甸的作战计划。

1943年1月，罗斯福、丘吉尔和美、英军队的首脑聚集在摩洛哥的卡萨布兰卡，举行重要会议。当时，战胜德、意法西斯的前景已经明朗，在亚洲太平洋地区对日作战成为首脑们关注的一个重要问题。

在这次会议上，军政首脑们讨论对日作战的主题之一，就是在缅甸实施反攻。美国陆海军负责人马歇尔和欧内斯特·金上将在会上提出，为了打击日军，要在11月进行强大的缅甸攻势。

他们认为："由英国在缅甸南部和中国在北部的联合进攻，将牵制南太平洋的日军调往缅甸"，这样，"可以防止太平洋的一场灾难，否则就会断送欧洲第一的战略。缅甸攻势还能打通进入中国的陆上通道，以便集结空军

部队打击日本"。

5月12日至23日，罗斯福、丘吉尔和一些美、英军队的高级军官在华盛顿举行"三叉戟会议"，中、印、缅战区指挥官韦维尔、史迪威、陈纳德列席会议，宋子文代表中国应邀出席会议。这是第二次世界大战中第一次有中国代表参加的重要会议。会上，中国坚持实施以收复缅甸全境为目标的"安纳吉姆"计划。

11月23日至27日，罗斯福、丘吉尔、蒋介石以及美、英、中三国的高级军事幕僚，在埃及首都开罗举行会议。这次会议讨论了蒙巴顿提出的北缅作战"锦标保持人"作战计划。

为了建立对日作战的基地，中、英、美三国政府经过一系列会谈，基本商定了以中国军队为主，配属美、英军各一部，发动缅北、滇西作战，以保障开辟中国昆明到印度利多的公路，敷设输油管道。

缅北、滇西，虽为两个战场，但实施反攻作战、打击日军的目的是一致的，作战行动有许多相似之处。当时，日军缅甸方面军司令官河边正三把第十八师团部署在缅北，把第五十六师团部署在滇西。中国驻印军、中国远征军和美英同盟军密切配合，准备歼灭缅北、滇西的日军。

中国驻印军的主要部队有新编第一军，军长为郑洞国中将，下辖新编第二十二师，师长廖耀湘；新编第三十八师，师长孙立人。每个师约15000人。为了提高这支部队的机动能力、通信能力、火力，根据美方建议，中国驻印军每个师编制3个步兵团，以及榴炮营、山炮营、工兵营、通信营、辎重营、教导营等。

在武器装备上，每个师编有各种车辆300多辆、榴弹炮12门、山炮24门、各型迫击炮234门、防坦克炮36门、骡马1000多匹、轻重机枪468挺、火箭发射筒108具。武器装备的改进，有效地提高了部队的战斗力。

中国驻印军的作战方针是：以协同友军歼灭日军为目的，先向缅北进攻，夺取孟拱、密支那等要点，然后经八莫向曼德勒前进，将日军压迫于曼德勒附近地区，包围歼灭日军。

　　中国驻印军的作战计划明确，向缅甸北部的攻势发起前，部队在利多附近集中。反攻作战中，先由中国驻印军主力发动攻势，把日军兵力吸引到缅北方向，这样就便于友军在缅甸南部登陆。

　　缅北攻势作战分为三期进行，第一期的攻击目标为孟拱、密支那一线，第二期的攻击目标为杰沙、八莫一线，第三期的攻击目标为曼德勒。

　　攻击作战中，美国空军要通过轰炸等方式尽量摧毁缅北日军的各个要点，并以强大的空中力量协助中国驻印军作战。作战地区内的游击队，要不断扰乱日军的后方。

　　1943年春季，中国驻印军的补充训练基本完成，打通中印公路的时机基本成熟。为了及时做好反攻缅甸的准备，新编第三十八师第一一四团，独立工兵第十、第十二团等部队通过铁路输送，进入印度东部的利多，协助美军两个团又3个营的工兵部队修筑道路。

　　这些部队从利多的东南方向开始，在人烟稀少的野人山上劈山筑路，遇

中国驻印军在前线 ⬇

水架桥，逐步向缅甸北部推进。3月20日，新编第三十八师第一一四团进入缅甸北部。

中国远征军司令长官陈诚、副司令长官黄琪翔率领6个军16个师，配属美军第十四航空队一部，准备从怒江向滇西发动进攻。

中国远征军再度出征，陈诚未能率军上战场，蒋介石多次换将，最终让有"常胜将军"美称的卫立煌担任司令长官。

1944年5月，中国远征军强渡怒江，在滇西向日军发动反攻。

缅甸境内，山脉交错。野人山脉、东加亲山脉、怒山山脉等中国横断山脉的余脉，山势陡峻，部队行动和通信联络都较困难。

为此，远征军根据滇西的地形特点和对日反攻作战的要求，连以上各单

在缅甸前线联合作战的中英士兵

位都配备了完整的通信器材、工兵器材和运输工具，军部和师部都有一所设备较好的野战医院。同其他部队相比，中国远征军各部队的武器装备显著改善，这在很大程度上提高了部队官兵的士气，增强了部队的战斗力。

中国远征军滇西反攻作战，经过了较长时间的准备。

1943年12月，中国驻印军对缅北的日军发动进攻时，政府曾要求拟订远征军反攻作战计划，但这个计划没有付诸实施。

1944年3月17日，美国总统罗斯福给蒋介石发电报，要求中国远征军在"新编第一军正给日军第十八师团以沉重打击，日军缅甸方面军主力已被拖在英帕尔和实兑"的有利时机，迅速出兵。如果丧失战机，日军就会重整旗鼓，展开新的进攻。

3月20日，罗斯福指令美国中印缅战区副司令霍恩少将从缅北飞往重庆，向蒋介石呈送第一六三号备忘录。这份备忘录指出：史迪威将军率领部队从印度的利多开始反攻以来，已进至缅北的杰布山区，重创日军第十八师团。

英国远征军挺进队与美国工兵分队深入敌后，袭击日军的补给线，给日军以沉重打击。在这种有利态势下，"请求滇西方面之远征军及时开始攻击，牵制当面敌军第

五十六师，使驻印军作战容易"。

　　蒋介石看完这份备忘录，经过慎重考虑，于27日发出回电，拒绝了罗斯福的要求。

　　4月4日，罗斯福再次致电蒋介石，强烈要求中国远征军开始反攻。

　　4月中旬，马歇尔电令暂时停止发送援助中国远征军的各类物资，中国远征军出动后再恢复供应。据此，霍恩少将把4月份供给中国远征军的734吨作战物资调拨给美军第十四航空队使用。

　　在这种情况下，国民政府军事委员会于4月13日发出了"策应驻印军攻击密支那"的电令。17日，远征军长官部拟订出作战计划。

　　中国远征军的作战方针是：为策应驻印军攻击密支那，打通中印公路，以第二十集团军为攻击军，由栗柴坝、双虹桥间渡江，以腾冲为攻击目标。

　　第十一集团军为防守军，负怒江左岸防守之责。另以该集团军之新编第三十九、第八十八、第七十六师，新编第三十三师各派两个加强团渡江攻击，策应第二十集团军作战。各部队的攻击准备限定在4月底以前完成。

　　4月25日，蒋介石分别发电报给卫立煌、宋希濂和霍揆彰，进一步强调了渡江反攻的作战任务。蒋介石在电文中指出：

　　　　此次渡江出击之胜负，不仅关乎我国军之荣辱，且为我国抗战全局成败之所系，务希各级将领竭智尽忠，达成使命。

　　丘吉尔得知中国决定发动滇西反攻作战，即发电报给蒋介石，表示"欣慰"。

　　史迪威见蒋介石下令中国远征军对日军作战，"深为欣悦"。史迪威认为，"此种来自中国方面之努力，将激励其在缅甸丛林间作坚韧奋斗中之中国部队之士气也。现所计划之联合作战，必将使吾人对于重开通华路线及供给中国作战部队物资之努力，得有进步之实效"。

缅北反攻

一路捷报

缅北战场，中国驻印军在1943年春季曾同日军交战，秋季，反攻作战逐渐激烈。

1943年3月20日，当第三十八师第一一四团因筑路向缅甸北部卡拉卡、唐家卡一带前进时，防守该地的1000多名英军官兵遭到日本军队的袭击，英军眼看要溃退，第一一四团官兵紧急前往支援，把日军击退。下旬，第一一四团接替了卡拉卡、唐卡家一线的防务。

中国驻印军为了准备反攻缅北，在印度的兰伽训练基地接受美军的装备，并由美军组织训练。由于初次入缅作战失利，训练中官兵士气不高，同美军之间时有矛盾。

联盟军作战，平时的矛盾如果得不到解决，战时就难以密切配合。郑洞国到印度就任新编第一军军长以后，这种状况有了改善。

郑洞国是湖南石门人，1924年考入黄埔军校，在校期间曾经加入中国共产党。毕业后曾任国民革命军连、营党代表，营长、团长等职，参加了东征作战和北伐战争。

1927年3月，北伐军进入南京后，英国军舰制造"下关惨案"，郑洞国指挥部队坚决还击。

1933年，郑洞国任第二师第四旅少将旅长，率领部队参加长城抗战。抗日战争中，郑洞国指挥部队先后参加徐州会战、武汉会战、昆仑关战役、枣宜会战，积累了对日作战的经验。

郑洞国到印度后，根据军事委员会的指示，从打击日寇的大局出发，一

面安抚军心，鼓舞士气，一面想方设法调解中美军队官兵之间的矛盾，增进两国军队之间的理解和友谊。

　　缅甸大部分地区是热带季风气候，潮湿，炎热，每年4月至10月为雨季。这期间，瘴雨蛮烟，连绵数月，部队行动困难，中国驻印军主要在驻地训练。

　　1943年10月，缅甸的雨季基本结束，中国驻印军在美国空军的工兵部队的配合下，从印度的利多基地出发，一面筑路，一面攻击前进。在亚热带崇山密林中，拉开了缅北反攻作战的序幕。

❤ 中美官兵（雕塑）

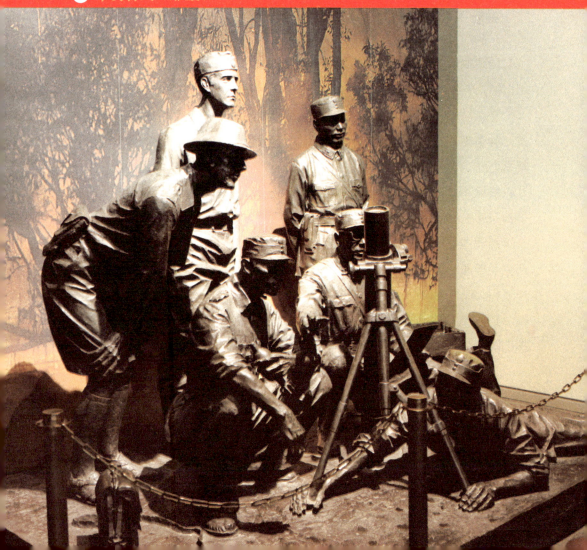

中国驻印军是在被世界上一些军事专家认为根本不适宜作战的地区同日军拼搏，他们克服了种种难以想象的困难，进行了一系列战斗，表现出了顽强的斗志。

胡冈河谷也称胡盆地，由大龙河与大奈河流经的大洛盆地和新背洋盆地组成，位于缅甸最北部，与中国和印度接壤。胡冈河谷地河流纵横，山高林密，雨季河水泛滥，在军事上被称为"绝地"，但这个谷地是中印公路的起端，也是印度通往密支那的必经之地，地理位置和战略价值都重要。

日军为了防守胡冈河谷，把号称"丛林之王"的第十八师团所属部队部署在该地。1943年3月，第十八师团师团长田中新一到任后，根据部队担负的防守任务，进一步明确，防守缅北的方针是持久作战，部队的基本任务是保卫缅北。

田中新一特别强调，即使在最困难的情况下，日军也必须确保密支那、甘马因一带的要地，以便配合部署在英帕尔和中国云南的日军作战。

10月24日，中国驻印军新编第三十八师第一一二团从缅北野人山的唐家卡、卡拉卡出发，分成三路向胡冈谷地推进。野人山被人们称为"死亡之地"，军队攀越野人山，就像经历一场艰难的战斗。

胡冈河谷、孟拱河谷，这些谷地异常险峻，英国官兵到谷地考察后，认为这是"无法通过的谷地"。中国驻印军的官兵不畏艰险，攀越了一处又一处的死亡之地。

第一二二团遇到的第一个对手，是日军第十八师团的搜索团和第五十六师团第二营。经过数天行军，第一一二团于10月29日攻占了新背洋。11月2日，第一一二团把新背洋阵地交给第一一四团担任警戒，部队继续前进。

11月6日，一场激烈的战斗打响了。第一一二团进至于邦时，遭到日军的阻击，第一一二团官兵迅速攻克了日军的前进阵地，但是，当部队进至于邦的核心阵地时，遭到日军的顽强阻击，激烈的战斗一天接一天，持续了半个月。

日军第十八师团为了坚守于邦阵地，把第五十五、第五十六团的主力紧

急调到于邦，日军凭借数量上的优势，把中国驻印军第一一二团包围起来。

战斗是残酷的，第一一二团被日军围困一个多月，作战物资得不到补充，饮水困难。官兵靠砍芭蕉树藤取水度日，其中艰辛难以想象。

史迪威和第三十八师师长接到于邦的敌情报告后，要求美国空军给予紧急支援，史迪威和孙立人都亲临前线指挥战斗。野人山中，两军开始进行一场持久战。

中国驻印军在美国空军的支援下，逐渐取得主动。这场战斗进行到12月29日，中国驻印军击溃日军一部，歼灭了日军第五十六师团第二营，相机攻占了欣贝延、于邦等地。

攻克于邦，中国驻印军在缅北反攻作战中首战告捷，鼓舞了士气，也震慑了日军。这时候，新编第三十八师的部队已经全部到达大龙河右岸，新编第二十二师的先遣部队第六十五团已经到达新背洋附近地区。中国驻印军开始部署向缅甸北部的军事重镇孟关进攻。

孟关地处胡冈河谷的要冲。日军为了阻止中国驻印军向缅北反攻，截断中印公路，在孟关及其外围地区构筑了坚固防御工事，部署了第十八师团所属第五十五、第五十六团的主力，防守孟关的兵力共有11个营，其中步兵营7个，山炮营2个，重炮营2个，反坦克炮营1个。这些部队进驻孟关以后，做好了持久防御的准备。

中国驻印军攻克于邦后，兵分两路，乘胜前进。12月底，右纵队新编第二十二师由欣贝延向达罗进攻，战至1944年2月末，第二十二师攻克大洛，歼灭日军第五十六团第三营营长冈田少校以下700多人，残部向孟关败退。

左纵队新编第三十八师从于邦出发，2月1日，左纵队第三十八师攻占太巴卡。两天之内，中国驻印军两个师分别打了两个胜仗，夺取了大洛、太白家两个城镇，部队士气高昂，史迪威为之兴奋。为了抓住战机围歼日军第十八师团，史迪威不等中国远征军强渡怒江西进，立即挥师南下，兵锋直指孟关。

2月18日，新编第三十八师和新编第二十二师分两路向孟关攻击前进。

日军第十八师团师团长田中新一自知孟关地位重要，亲临孟关，指挥部队坚守。第三十八师主力和美军第五三〇七部队主力沿塔奈河向南进攻。

第二十二师的主力部队从正面向孟关发起进攻，第六十六团第一营协助独立坦克第一营从孟关的东北迂回，经过原始森林地带，插到孟关的南面，把日军的补给线切断，这对孟关的日军不仅是一种军事打击，也是一种精神压力。

3月3日，美军第五三〇七部队一部向孟关东南的瓦鲁班迂回，协同第二十二师把孟关的日军包围。第三十八师主力采取大纵深迂回作战，顺利攻克于卡、拉树卡等孟关的日军外围据点，对孟关的日军构成纵深包围。中国驻印军和美军协同，向孟关发起攻击。

3月5日，胡冈河谷日军的核心据点孟关被中国驻印军攻克，歼灭了日军第十八师团的两个主力团，毙敌1400多人，俘虏甚多，仅有少数日军突围出去，向瓦鲁班方向溃逃。

中国向孟关进攻时，英军远程突击队司令温盖特少将指挥对外为印度第三师的部队主力，即第十四、第七十七、第一一一旅在莫罕地空降，截断了孟拱西面的铁路交通，这就等于截断了日军第十八师团的补给线。与此同时，中国驻印军乘胜南下，追击日军。

3月8日，日军第十五集团军组织部队向英帕尔发动进攻。

3月9日，中国驻印军集中兵力，攻占瓦鲁班，歼灭日军第十八师团一部。史迪威将军抓住战机，命令部队以最大的速度从瓦鲁班南下，向间布山攻击前进。15日，中国驻印军攻占高沙坎。

经过4个多月的战斗，中国驻印军基本肃清了侵占胡冈河谷的日军。日军第十八师团余部被迫退守间布山隘口，企图利用有利地形再次阻止中国驻印军南下。

3月28日，中国驻印军占领拉班，切断了日军的退路。新编第二十二师向间布山发起攻击，第一一三团和第五三〇七部队一部从间布山东侧向南迂回，突破缅北的天险山隘，进入莫冈河谷。

171

3月29日，新编第二十二师同迂回部队在夏杜苏会师。这样，日军被中国驻印军全部逐出胡冈谷地。中国驻印军打开了通向莫冈河谷的门户。

胡冈河谷战斗，共歼灭日军6000多人。日军受到重大打击后，接连败退。中国驻印军把战线推进到莫冈河谷。日军在于邦战斗失利后即承认，中国驻印军"和第十八师团过去在中国大陆上接触过的中国军队，在素质上完全不同，因而大吃一惊……"

"此次在胡康的中国军，无论是编制、装备还是战术、训练，都完全改变了面貌。尽管第五十六团奋勇猛攻，敌军圆形阵地在炽密的火网和空军的支援下不仅毫不动摇，而我军的损失却不断增加……使全军不禁为之愕然"。

莫冈河谷，是一条纵深长约110公里、平均宽度不到10公里的狭长河谷。在这条河谷中，有铁路和公路通往缅甸北部的重要城市密支那和缅甸中部的大城市曼德勒，在南高江和莫冈河、南因河的汇合处，有一座莫冈城。莫冈城与密支那、甘马冈成掎角之势，在军事上具有重要地位。

日军第十八师团为了利用河谷的山川，阻止中国驻印军的进攻，对部署在莫冈河谷内的第十八师团残部的武器装备和兵员进行全面补充，还把驻守滇西的第十八师团第一一四旅团和第五十六师团、第一四六旅团调到莫冈河谷，全力进行雨季前的防御准备。

缅甸的雨季，数月连绵，部队行军作战困难。中国驻印军决心在雨季来临之前歼灭莫冈河谷的日军，打通河谷的铁路和公路交通线。根据这一决心，4月初，中国驻印军兵分两路，开始向莫冈河谷进攻。其进攻部署是：

新编第二十二师配属独立坦克第一营，沿公路由拉班地区向加迈进攻，突破日军的防御纵深，夺取甘马因。新编第三十八师沿塔奈河南进，向瓦兰地区挺进，夺取莫冈。

4月底，第二十二师进至英开塘北侧时，遭到日军第十八师团一部顽强抗击，两军形成对峙。

第三十八师在孙立人师长的指挥下，连续作战，相继攻克高利、马兰，于5月初占领曼平。第二十二师和独立坦克第一营进攻受阻后，美军派出36架

飞机进行支援。

5月3日，第二十二师在美军飞机的配合下向驻守英开塘的日军发起猛烈攻击，激烈的战斗进行至5月4日，第二十二师终于突破了日军的防线，攻占了英开塘。日军残部沿公路狼狈逃窜。中国驻印军继续向加迈挺进。

这时候，雨季开始了，缅北地区连日阴雨，道路泥泞，部队行动十分不便。中国驻印军的官兵为了迅速打通中印公路，不顾恶劣的天气，继续向日军进行攻击。

第二十二师得到从中国境内空运到印度的第五十师所属第一四九团的加强后，加快了进攻节奏，至6月上旬，第二十二师主力进至甘马因西侧和北侧。

第三十八师于5月下旬击溃日军第十八师团主力和第五十六师一部，攻占了瓦兰地区日军据点后，分路行动。第一一四团向莫冈挺进。第一一三团向支遵前进，并于6月9日攻占支遵。

第一一二团沿着深山密林，艰难地向甘马因面迂回。5月26日，第一一二团渡过莫冈河，悄悄地迂回到甘马因南面的日军后方基地西通，突然向日军发起攻击。27日，第一一二团占领了西通。

西通失守，就切断了甘马因与莫冈的交通和联系，使甘马因的日军一下子陷入中国驻印军的包围之中。日军为了摆脱困境，急忙调集第二师团第四旅团一部、第五十三师团第一二八旅团等部队，对第一一〇团连续发起了十四次反攻，都被第一〇〇团打退了。这时候，第一一二团、第一一三团与第二十二师一起，完成了对加迈的包围。

6月11日，驻印军总指挥部下达向莫冈进攻的作战命令。命令指出：第一，命新编第三十八师，由西北方面向莫冈攻击，并占领之，与正在东南方进攻莫冈之英印军会合；第二，命英印军第三十六师，以其第七十七旅由东南方攻击莫冈并占领之，与我新编第三十八师会合。

当时，防守莫冈的日军主要有第十八师团残部，第二、第五十三、第五十六师团各一部，总兵力约两个团。这些日军凭借复杂的地形，作困兽之

173

斗。

　　围歼战斗从外围开始，就异常激烈。担任先头部队的第三十八师第一一四团接到命令后，沿着公路东侧向莫冈山秘密前进，于6月15日前进到莫冈东北侧的康堤及其以南地区。

　　6月16日，中国驻印军歼灭日军第十八师团和第五十三师团各一部，攻占加迈。

　　6月19日，第二十二师和第一一三团密切配合，在重炮兵和坦克的支援下攻占了甘马因。日军第十八师团残部1500多人在师团长田中新一的率领下，辟路翻越雷邦山，狼狈地向南面溃逃。

　　当第一一四团从莫冈的东面向南迂回时，一个意外情况出现了。日军独立混成第二十四旅与英印军第三十六师第七十七旅发生战斗，第七十七旅退至莫冈南面的35公里处，被日军包围。

　　英印军得知第一一四团即将向莫冈发起攻击，第七十七旅旅长卡尔弗特准将立即派人向第一一四团求援。

　　孙立人师长得到英国军队紧急求援的报告后，毫不犹豫地命令第一一四团强渡南高江，解英印军之围。第一一四团上岸后，迅速向日军的侧背发起猛烈攻击，歼灭日军独立混成第二十四旅团第六联队联队长河边中校以下300多人，第七十七旅转危为安。

　　战斗中，第一一四团的一个排接替英国军队一个营的战斗任务，临危不惧，驱逐了日军。战斗结束后，英国感到非常惊讶，第七十七旅旅长卡尔弗特准将亲自来到第一一四团，对第一一四团的官兵感激不已，这位英国准将还收集了中国军队组织指挥这次战斗的资料，表示要认真研究。

　　6月23日，孙立人师长指挥第三十八师主力与美军第五三〇七部队、英军温盖特部队各一部互相配合，把莫冈的日军包围起来。

　　24日，围攻莫冈的战斗打响了。经过两昼夜激战，25日，第三十八师的部队攻入莫冈城内，中国驻印军同友军配合，歼灭日军第十八师团残部和第二、第五十三、第五十六师团各一部。莫冈河谷战斗结束。

第二次世界大战亚洲战事

7月11日，第三十八师与新编第三十师会合，这就打通了从甘马因经过莫冈到密支那的铁路和公路交通，为缅北反攻的全面胜利奠定了基础。

密支那同中国滇西的重要城镇腾冲只有一山之隔，是曼德勒、密支那铁路的终点，是缅甸北部的重要城镇，中印公路的必经之地。由于密支那战略地位重要，1944年3月以来，日军加强了对密支那的防守。

为了缩短中印"驼峰"航线，使中印公路与中印输油管道在密支那联系在一起，史迪威将军组织力量向密支那发起了围攻战。

4月中旬，美军第五三〇七部队两个营进至太克里后，中国驻印军命令新编第三十师第八十八团、第五十师第一五〇团与美军第五三〇七部队一起，组成中美突击支队。突击支队由美军的梅里尔准将担任支队长，编为第一纵队和第二纵队，第一纵队由第八十八团和美军第二营组成，第二纵队由第一五〇团和美军第一营组成。

4月29日，中美突击队两个纵队从胡冈河谷出发，兵分两路，向密支那前进。途中，突击支队击退了日军的多支警戒部队，经过半个多月的艰苦行军和战斗，第一纵队向密支那以北地区推进；第二纵队于5月16日进至密支那以西地区。

5月17日上午，中美突击队第二纵队渡过南圭河，向密支那西机场发起突然袭击，一举攻占了西机场。从此，密支那西机场成为中印空运的基地，"驼峰"航线缩短了。

5月18日和19日，新编第三十师第八十九团、第十四师第四十二团和炮兵部队根据中国驻印军总指挥部的命令，空运至密支那，支援突击支队围攻密支那。

防守密支那的日军失去西机场以后，急忙把部队集中到密支那市区。在密支那市区，3000多日军区分成4个防御区，凭借市区的坚固工事，固守顽抗。

中美突击队第二纵队夺取西机场以后，连续作战，第一五〇团迅速向密支那市区发起攻击，其余部队向密支那外围日军的据点进行攻击。

5月18日，第一纵队进至密支那北面的遮巴德。

从5月19日开始，第二纵队接连向防守密支那的日军发起攻击。这场战斗，由于梅里尔准将指挥失当，部队对攻坚战斗缺乏周密的准备，战斗成僵持状态，驻印军的攻击部队多次被日军各个击破，受到重大伤亡。

史迪威将军闻讯后，为了改变被动局面，果断作出了两个决定：

第一个决定：撤换了梅里尔准将突击支队长的职务，命令参谋长柏德诺准将从利多乘飞机赶到密支那，接替梅里尔准将的职务。这是史迪威第一次在密支那战场上换将。

第二个决定：解散中美混合突击队，重新明确各部队的指挥关系。经过一个多月的战斗，史迪威将军看到，在缅甸战场上，中美军队组成联合突击队这种新的编组方式并不能增强部队的战斗力。

5月23日，史迪威将军下达命令，各部队归还原建制。史迪威还明确：美军第五三〇七部队的麦根少将负责密支那地区作战，指挥这一地区内的所有部队；新编第三十师师长胡素少将指挥该师第八十八、第八十九团；第五十师师长潘裕昆少将指挥该师第一四九、第一五〇团和第十四师的第四十二团；韩特上校负责指挥美军第五三〇七部队。

5月底，日军步兵第五十六旅团旅团长率领2000多人抵达密支那，加强了密支那的防守力量。

5月下旬，中国驻印军根据敌情变化，调整部署后，继续向密支那发起攻击。但是，日军兵力增加，防守更加顽强，驻印军仍然无法突破日军的防御。

史迪威考虑再三，决定第二次换将，命令韦赛斯准将接替柏德诺准将，指挥驻印军向密支那进攻。

韦赛斯上任后，调遣空军支援地面部队进攻。那时候，天气恶劣，驻印

军冒雨多次发起进攻，但在日军严密的防守面前，仍然难有进展。

7月6日，郑洞国军长和孙立人师长到达密支那战场。这时候，中国的抗日战争整整进行7年了，郑洞国为了激励士气，下达了夺取密支那、纪念抗战7周年的总攻击命令。郑洞国到战场后，经常亲临前线，视察督战，鼓舞士气，直接指挥中国驻印军围攻密支那的战斗。

7月13日，第三十师主力，第十四、第五十师各一部，第五三〇七部队等，在空军和炮兵的支援下，向密支那发起攻击。经过3天激战，部队逼近了密支那市区。

7月18日，驻印军集中航空火力和炮兵火力，向密支那发起猛烈攻击。激烈的战斗进行到26日，驻印军官兵接近密支那中心市区。在合围战斗的紧要时刻，新编第三十师第九十团被空运到密支那，增强了攻击力量。

8月3日，中国驻印军攻占密支那。这场战斗，驻印军打败了曾经在中国发动卢沟桥事变的日军"常胜师团"，先后击毙日军2700多人，俘虏日军70多人。

日军第五十六师团步兵旅团长水上源藏少将在战斗失败自杀。在这场异常艰苦的围攻战斗中，驻印军伤亡达5100多人。

史迪威将军颇有感慨地说：反攻缅北的战斗，是"中国历史上对第一流敌人的第一次持久进攻战"。

密支那战斗结束后，中国驻印军进行休整和整编。史迪威将军仍担任驻印军总指挥，郑洞国升任副总指挥，所属部队扩编为两个军，即新编第一军和新编第六军。

孙立人升任新编第一军军长，下辖新编第三十、第三十八师；新编第二军下辖新编第二十二师，第十四、第五十师。数月后，新编第六军奉命调回国内作战。

驻印军攻占密支那以后，从印度经过卡盟、莫冈到密支那之间的铁路和公路畅通无阻，盟国运送给中国的战争物资可以经过密支那中转，减轻了"驼峰"航线的压力，提高了作战物资的运输量。缅北反攻作战胜利的重大

意义由此可见。

八莫位于中缅边境，是缅甸北部伊洛瓦底江流域的一个大城市，规模仅次于密支那，也是日军侵略中国滇西的一个重要据点。中国驻印军攻克密支那以后，八莫的防御地位更加突出。

日军为了维持缅北的侵略利益，把部署在南坎的第二搜索团、第十六师团第二联队、混合炮兵一个联队，以及在莫冈、密支那溃退的日军残部调到八莫，在八莫周围构筑防御工事，组成新的防线，防守的总兵力达5000多人。

1944年8月28日，日军第二师团主力推进到芒市，第十八师团从英多转移到中缅边境的南坎。日军把这两个师团部署到滇西，主要是企图阻止中国驻印军与中国远征军会师。

中国驻印军取得密支那战斗的胜利以后，部队进行了近两个月的整训和补充，编制也作了局部调整。10月10日，驻印军总指挥部下达了第二阶段的作战命令。

10月21日，中国驻印军先头突击队新编第三十八师第——三团奉命攻击前进，右纵队于29日攻占庙堤，左纵队在太平江上游的铁索桥附近渡江后，于11月1日抵达不兰丹。但是，江势险阻，第三十八师主力仍然滞留在太平江的北岸。

孙立人军长为了迅速攻克八莫，立即调整部署，命令右纵队的第——二团迅速转移到左翼方向。从新龙卡巴向八莫南面的曼西进攻，切断驻守在八莫的日军的后方运输线，第——四团在第——三团的配合下，向八莫的正面攻击。

进攻战斗发起后，驻印军在美国空军的支援下，经过十多天的激烈战斗，相继攻克了莫马克和曼西，于11月上旬把八莫据点的日军包围起来。

接连数天，驻印军在航空火力和炮兵火力的配合下，向八莫据点的日军发起攻击。但是，日军残部1500多人凭借有利地形和坚固的工事，继续固守八莫，拼命抵抗，梦想等待南坎方面的日军前来支援。

11月12日，新编第二十二师攻克大曼等日军据点后，迅速调遣部分兵力

向八莫前进，策应第三十八师围攻八莫。

11月24日，驻印军突破八莫的外围据点，攻入八莫城内。激战中，除60多名日军跳入太平江，逃往南坎外，其余日军包括城防司令原三好上校在内的官兵，全部被歼灭。

11月25日，八莫全城被新编第三十八师占领。

八莫战斗，驻印军击毙日军2430人，俘虏日军21人、缴获飞机2架、大炮25门、战车2辆、轻重机枪65挺、步枪630多支、夺取飞机修理厂2座。新编第一军官兵伤亡1000多人。八莫战斗的胜利，为驻印军与远征军会师奠定了基础。

攻克八莫后，驻印军又向南坎发动了进攻。

南坎地处中缅边境，西通缅甸八莫，东可到龙陵，南坎的公路与滇缅公路互相连接，交通十分便利。日军入侵缅北以来，在南坎修筑公路，储备粮弹，早就做好了长期防守的准备。八莫战斗结束后，日军在南坎的部队主要是第五十六师团和第二师团各一部，兵力共有两个师。

驻印军第三十八师围攻八莫的时候，八莫的日军自知难以持久作战，紧急向南坎求援。

11月30日，驻守南坎的日军第五十五旅团旅团长山崎四郎上校率领所属部队，并附属炮兵、工兵、辎重兵各一个联队，从南坎北上，救援八莫。

谁知，这支被称作"山崎支队"的日军在行进途中，与驻印军第三十师的主力部队遭遇，两军在拜家塘、康马附近地区展开了激烈的战斗，一时难分胜负。

新编第一军军长孙立人将军得知这一情况后，立即命令在八莫战场上的第三十八师第一一二团向日军的后方截击，这就使山崎支队首尾难以相顾，根本无法支援八莫。

12月17日，第三十师把日军山崎支队击退后，乘胜前进，逼近南坎。不久，第三十八师第一一二团也向南坎西侧疾进。12月下旬，第三十师进至南坎外围。

　　孙立人军长看到南坎附近是一条狭长的谷地，如果正面攻击，部队难以展开，于是，命令第三十八师第一一二团等部队首先歼灭南坎外围的日军，对南坎形成双重包围。

　　1945年1月14日，围攻南坎的部队先后进至南坎西南的预定出发阵地，做好了总攻击的准备。

　　15日，驻印军新编第一军各部队在强大的航空兵火力和炮兵火力的配合下，用坦克突破开路，向据守南坎的日军发起了猛烈攻击。据守南坎的日军虽然拼命抵抗，但根本无法阻止驻印军强大的火力和兵力突击，伤亡惨重，士气低落。

　　同日，新编第三十师的部队攻占南坎，少数残余日军狼狈地突围，向东北方向古木蔽天的森林里逃去。

　　南坎战斗，驻印军先后击毙日军1780人，俘虏日军12人，缴获卡车10辆，夺取仓库10多座，以及其他许多作战物资。

　　蒋介石对南坎战斗很重视。当蒋介石看到驻印军攻克南坎的捷报后，立即发电报给卫立煌，命令中国远征军迅速攻占畹町，尽快扫除中印公路上最后的日军据点。

　　蒋介石的命令，揭开了中国远征军一场新的战斗。

滇西反攻

战果辉煌

　　滇西即云南西部。滇西地形错综复杂，横断山及其余脉盘踞滇西，自西向东为高黎贡山、怒江、怒山、澜沧江、云岭、金沙江、玉龙雪山。

　　山地海拔一般为4000米左右，河流强烈下切，现出幽深的峡谷，高差可达3000米以上，形成著名的滇西纵谷区。这般地形，给军队行动尤其是进攻作战，增加了许多困难。

　　入侵滇西的日军，主要是第五十六师团全部，第二、第五十三师团各一部。这些日军侵占滇西以后，以一部兵力构筑坚固工事，固守滇缅公路沿线的松山、腾冲、龙陵、芒市、畹町等要点，集中主力企图反击中国远征军的进攻。

　　1943年2月，日军大本营为了对付盟军在西南方向的反攻，制定了《昭和十八年度帝国陆军西南方面军作战指导计划》，这个计划规定：

　　　缅甸方面需要确保的要地，定为怒江以西、密支那、甘马因、加瓦里、甘高、实兑一线的地区和丹那沙林地方。以一部分精锐兵力确保国境方面要线，随时迅速采取攻势，各个击破英印军和重庆军。

　　日军所指的重庆军，即是中国远征军。

　　3月27日，日军大本营决定在南方军下面，新增设缅甸方面军。缅甸方面军由河边正三中将担任司令官，下辖第十五集团军、第五十五师团、方面军

直属部队，主要任务是确保缅甸的安全，尤其要确保怒江以西的一些重要区域的安全。

日军第十五集团军的战斗序列也相应进行了调整。牟田口廉也中将担任司令官，下辖第十八、第三十三、第五十六师团和集团军直属队。其中，第十八师团主要担任缅甸北部方面的作战，第三十三师团主要担任缅甸中部方面的作战，第五十六师团主要担任中国云南方面的作战。

为了加强缅甸方向的防御，6月27日，日军大本营把第十五师团划归第十五集团军指挥，第十五师团当时驻在南京，师团长为山内正文。

日军第十五师团的防线长达1000公里。在绵亘起伏的滇西缅北山林，1000公里是一条惊人的防线。刚刚上任的牟田口廉也中将认为，第十五集团军要在如此广阔的战场上应付绝对优势的盟军和中国远征军的反攻，以守势战术是不可能完成防御任务的，要坚守这些地区，必须在盟军反攻之前先发制人，摧毁盟军的反攻阵地。

在这一思想的指导下，日军制定了攻势作战计划，预定在1943年年末或1944年年初开始攻势行动。日军在作战要领中指出：

> 10月上、中旬之间，怒江方面的作战，歼灭盘踞在怒江两岸的中国远征军之一部，夺取其反攻据点。此次战斗由第五十六师团全部会同第十八师团的一部进行，以后由第五十六师团单独阻击重庆军对本地区的反攻。

根据这一作战计划，第五十六师团和第十八师团的部分兵力转入对滇西作战的准备。

1943年10月，日军第五十六师团和第十八师团一部对怒江西岸的中国远征军的前哨阵地发起攻击，侵占了怒江西岸的一些前进据点后，第十八师团的主力部队返回密支那，第五十六师团即在怒江西岸修筑工事，转入防御。

1944年4月，日军新组建第三十三集团军，由本多政材中将担任司令

官，下辖第十八、第五十三、第五十六师团。这个集团军的主要任务是持久防御，在缅北阻击中国驻印军的进攻，在滇西阻击中国远征军的进攻。

随着战争形势的发展，日军陆续增强了侵占滇西的部队。

1942年3月6日夜晚，天黑漆漆的。卫立煌站立在窗前，心中充满了惆怅。突然一阵急促的电话铃声唤醒了他，他略微迟疑了一下，拿起了话筒，听着听着卫立煌喜形于色，情绪也激动起来。电话是蒋介石打来的。蒋介石要他率领中国远征军出征缅甸，与侵入缅甸并向云南边境进攻的日本军队作战。

卫立煌放下话筒，兴奋不已。作为一名职业军官，受领作战任务是最高兴的事，何况这是一项重大的作战任务。他自从1942年1月份被革去二级陆军上将、免去河南省主席等职务以来，在西北行营已经坐了两个多月的冷板凳了。

他想起了1941年12月参加国民党九中全会时，蒋介石责备他拨给八路军弹药和物资，责备他对八路军的迅速发展限制不力。

他又想起了那一年除夕，蒋介石派人把请柬送到他家里，邀他赴宴，他临时改变主意，没有赴宴，搞得蒋介石怒形于色。原定14位客人中唯独少了他卫立煌，蒋介石为了避免"13"这个他认为不吉利的数，只好把秘书拉来凑数，口中直骂卫立煌目中无人……现在，这些阴影都消散了，蒋介石又委以他重任，他又要率军出征了。

3月9日，卫立煌到达重庆。12日，蒋介石通知卫立煌，他将出任中国远征军第一路军司令长官，暂时在重庆待命，最后命令即将公布。

就在这个令卫立煌兴奋的时刻，意外情况发生了。原第十八集团军驻洛阳办事处的一名处长被特务头子戴笠收买，详细说出了卫立煌与八路军的密切关系。

蒋介石得知这一情况后，非常恼怒，临时改变主意，任命罗卓英为远征军第一路军司令长官。卫立煌一脸失望地回到成都，奉养老母。

谁知，罗卓英率领远征军赴缅甸作战失利。1943年冬天，蒋介石再次把卫立煌召到重庆，亲自接见，宣布恢复他的陆军上将军衔，正式任命他担任

183

中国远征军司令长官，率军赴缅北、滇西作战。

中国远征军司令长官卫立煌上任后，第一件事情是把远征军总指挥部向前方转移。陈诚担任司令长官时，远征军总指挥部设在昆明附近的楚雄。

卫立煌看到，云南地形复杂，滇西反攻作战必定是一场恶战苦战，指挥部靠后，不便于指挥。于是决定把指挥部推进到保山县的马玉堂，这里距怒江前线只有70公里。

为了策应缅北驻印军的反攻作战，尽快打通中印公路，中国远征军以腾冲、龙陵、芒市为主要攻击目标，发起了滇西战役。

这次战役初期，中国远征军以第二十集团军为攻击军，强渡怒江，攻击日军；以第十一集团军为防守军，固守怒江东岸的阵地，同时由第一线各师派出加强团渡江，策应第二十集团军攻击日军。

美军第十四航空队的3个战斗机中队、2个中型轰炸机中队配合中国远征军进行反攻作战。

战前，卫立煌向美军提出，为了阻止驻于缅甸北部本多政材指挥的日军第三十三军和驻于缅甸东部牟田口廉也指挥的日军第十五军的部队出兵支援滇西，美国空军要对缅北和缅东至滇西道路上所有桥梁、涵洞、隧道和公路连续不断地进行轰炸。

战幕拉开，滇西山区炮声隆隆，远征将士杀声阵阵。

怒江，又称为潞江，源出青藏高原，自北向南流经云南西部，是云南的三大河流之一。怒江出国境后，称为萨尔温江，流入印度洋。

怒江流经滇西时，东面为怒山，西面为高黎贡山，怒江水势汹涌，两岸危岩壁立，江中怪石嶙峋，是滇西的一道天堑屏障。

1942年5月，中国军队把日本侵略军阻于怒江西岸以后，两军隔江对峙，日军苦心经营怒江西岸的防线，在一些重要地段构筑了坚固工事，企图凭险死守。

怒江西岸的高黎贡山是扼守滇缅公路的要冲，地理位置重要，但山高坡陡，地势险峻，悬崖峭壁到处可见，部队无法攀越。日军在高黎贡山修筑了

腾冲、龙陵、松山、平易四大据点，企图以这些据点为核心，阻止中国远征军的进攻。

中国远征军第二十集团军受领任务以后，命令第五十四军担任第一线兵团，第五十三军担任第二线兵团，迅速进行战斗准备。其作战方针是：

> 集团军为策应驻印军攻击密支那，于怒江左岸之栗柴坝、双虹桥间地区集结，主力保持在左，强渡怒江，攻击当面之敌，进出固东街、江且街之线，攻击腾冲而占领之。

1944年5月9日，第二十集团军下达了向入侵滇西的日军进行反攻的命令。

5月11日，中国远征军滇西反攻作战打响。高黎贡山，成了中国远征军痛歼日军的一个大战场。

夜幕降临了，紧张的渡江战斗开始了。

当夜，第五十四军第一九八师所属第五九四团从栗柴坝和孙足渡口开始渡江。部队过江后，与怒江西岸的预备第二师游击营配合，攻击那瓦寨。这以后，在蜿蜒150多公里的怒江江面上，20000远征军勇士在12个渡口奋勇横渡怒江。

5月12日拂晓，第一线兵团各部队全部渡过怒江，北路第五十四军向北斋公房攻击，南路第五十三军向大塘子攻击。第十一集团军的4个加强团从惠仁桥至三江口之间渡过怒江后，分别向红木树、平易和缅甸的滚弄进攻，策应第二十集团军的作战行动。由于部队行动巧妙，渡江过程中没有遭到日军的抵抗。部队渡过怒江后，突然向日军发起攻击，进展顺利。

5月13日，红木树、平易的日军遭到远征军的突然袭击后，狼狈地退向芒市。

北路：一线兵团第五十四军兵分两路，左翼为第三十六师主力和第一一六师第三四六团，右翼为第一九八师。

第三十六师主力渡过怒江后，迅速向大尖山、唐习山、鸡心山方向进

攻。大尖山地形险要，第三十六师的突击部队经过一番苦战，一度攻入大尖山日军阵地，但是，日军很快组织力量进行反攻，把远征军的突击部队击退。这以后，第三十六师连续作战三天，都无法攻克大尖山。

同日，卫立煌接到第五十四军军长报告，第五十四军正与日军激烈争夺唐习山据点，阵地得而复失。卫立煌听后，立即命令第五十三军全部渡江，支援第五十四军的部队夺占唐习山。第二十集团军司令部进一步明确，第五十三军渡过怒江后，接替第三十六师的作战任务。

午夜，第五十三军所属第一一六、第一三〇师渡江成功。

第五十三军是一支原东北军缩编的部队。1944年3月，军委会打电话给卫立煌，准备把第五十三军调入中国远征军，征询卫立煌的意见。

卫立煌对各类部队一视同仁，他想到，当年的东北军现在仅剩这一个军，抗日战争爆发后，第五十三军的官兵参加武汉大会战，转战黄河南北，像一个无娘的孩子，应该鼓励他们，团结他们共同抗日。

卫立煌看完电报，立即回电，欣然表示欢迎第五十三军来滇西。当时，第五十三军正在洞庭湖一带与日军对峙，从湖南到滇西，路途遥远，卫立煌正为无法解决交通工具发愁。谁知第五十三军得知要到滇西抗日，士气高昂，官兵远涉千山万水，徒步来到滇西。这些将士们的抗日热情，使卫立煌这员虎将为之感动。

卫立煌得知第五十三军到达滇西受训地点时，立即去看望他们。一进入营区，卫立煌看到，这个军的官兵抗日热情高昂，武器装备却是破破烂烂的。

卫立煌当即下令，第五十三军全部换成美式装备。官兵们一听，忍不住高声呼喊，部队求战的热情更高了，战斗力增强了。

5月14日，第五十三军的突击部队在强大的炮兵火力和航空兵火力的支援下，向大尖山、唐习山的日军发起强攻。经过一天一夜的激战，第五十三军将士攻克了大尖山和唐习山的日军据点，继续向江直街前进。

战斗中，美国联络官马丽瑞少校和远征军的一名营长阵亡，美军的一名

医官和一名翻译官等人负重伤。

日军遭到中国远征军的打击后，迅速组织力量，利用有利地形和既设工事，逐点抵抗，异常顽强。远征军虽在兵力和火力上占有很大的优势，但遭到日军的阻击后，伤亡很大。

攻击战斗持续了一个多月，直至6月21日，远征军将士终于把南斋公房、江直等日军据点攻克。

担任右翼进攻的第五十四军第一九八师渡过怒江后，迅速攻占了大寨、茶房等地，但是，当他们向高黎贡山山顶要塞北斋公房仰攻时，却陷入了苦战。北斋公房是高黎贡山一处险要地区的日军据点，工事坚固。

日军第五十六师团第一四八旅团用两个营的兵力在北斋公房据险死守。第一九八师初攻北斋公房没有得手，即改变战法以一部兵力监视当面之敌，主力从两侧绕道，先向马面关和桥头攻击。

5月16日，第一九八师在航空火力的支援下，顺利攻克马面关和桥头两个日军据点。灵活机动的战术，使远征军的指战员在高黎贡山中尝到了胜利的果实。

5月21日，第一九八师主力再次向北斋公房发起攻击，与日军形成对峙。日军为了保住北斋公房这个据点，陆续把第五十四师团的主力调来增援，第一九八师久攻未克。

日军缅甸方面军河边正三将军对中国远征军如此迅速地渡过怒江感到震惊。但是，这个日本将军把主要精力放在对付英、美盟军上，他甚至认为，失去滇西，也不等于失去缅甸。

当时，驻印军围攻密支那的战斗正激烈，日军难以抽调更多的兵力向滇西增援。滇西日军司令部对中国远征军的反攻虽有所防范，但自恃拥兵五万之众，又有滇西复杂地形和坚固工事可以依托，满以为能够应付中国远征军一个集团军的进攻，因而也没有向日军缅甸方面军司令部求援。

卫立煌分析强渡怒江成功后的战场态势，决定变更部署，指挥部队迅速转入全面反攻。

187

卫立煌把新的反攻战斗设想向蒋介石请示。蒋介石忧虑重重，责问卫立煌：敌前变更部署，关系重大，谁负责？

"我愿意负责。"卫立煌坚定地回答。

蒋介石"嗯"了一声。

卫立煌找到美军联络部的司令官窦恩，表明战机难得，要求盟军的轰炸机进行战略性轰炸，战斗机应全部出动，配合远征军反攻。

窦恩听完卫立煌的反攻方案，当即表示：一切照办。

于是，滇西反攻战拉开了更为激烈的一幕。

中国政府军事委员会于5月22日发出命令，要求中国远征军迅速攻占滇西的腾冲、龙陵等日军据点，与驻印军在缅北会师。为此，卫立煌命令第二十集团军为右集团军，按照原定计划向腾冲攻击；第十一集团军为左集团军，向龙陵攻击，并要求各部队加快进攻节奏。

6月9日，日军向马面关、桥头阵地进行反攻，突破了第一九八师的阵地。第五十四军得知这一信息，立即命令第三十六师主力向桥头的日军发起攻击，把日军击退。

不久，另一支增援部队第十一集团军第二军预备第二师也奉命赶到，中国远征军的力量大增。

6月14日，中国远征军第一九八师、第三十六师、预备第二师密切配合，终于攻克了北斋公房这个日军据点。

在高黎贡山，中国远征军经过一个多月的苦战，至6月21日，北路第五十四军歼灭日军第五十六师团第一四八旅团一部，攻克茶房、马面关、北斋公房后，进占瓦甸。

南路第五十三军击溃日军第四十八旅团一部，攻克大塘子、南斋公房、江直街后，直接威胁滇西战略要地腾冲。

至此，中国远征军两个集团军16万人，在卫立煌的指挥下，全部成功地渡过怒江天堑，在怒江西岸日军林立的据点中夺占了众多阵地，站稳了脚跟，取得了滇西反攻作战的第一步胜利，完成了初期反攻任务，战绩震惊中外。

　　盟军高度评价中国远征军的渡江作战，他们认为，"中国军队强渡怒江出击，是东南亚过去一周内盟军作战的重要新闻。"

　　美国《时代》杂志对远征军的抗战事迹进行专题评论，封面上刊登了卫立煌携军骑马的照片，醒目的标题是《常胜将军卫立煌》。

　　松山雄峙于怒江西岸、惠通桥以西的丛山中，腾冲与龙陵两大据点之间，东距惠通桥20多公里，西到龙陵50多公里，南为阴登山，北为黄土坡，中间为松山主峰，是日军在滇西的四大据点之一。

　　松山周围山势绵亘，地形险峻，滇缅公路蜿蜒盘绕峡谷之中，被盟军喻为"东方的直布罗陀"。松山据点自身坚固，与龙陵、腾冲互为犄角。

滇西腾冲国殇墓园

日军第五十六师团第一一三旅团3000多人驻守松山,这些日军侵占松山两年多来,遍山修筑工事,设置明碉暗堡,堡垒分设三层,上层用作观察与射击,中层用作寝室或射击,下层用作掩体和存放弹药的仓库。

日军还配置了水电设施,颇有一夫当关、万夫莫开之势,是滇缅会战中最难攻破的一个日军据点。松山不克,远征军无法夺取龙陵,滇缅公路就无法畅通。

卫立煌看到,松山这个据点阻隔了远征军左右两个集团军之间的联系,只有夺取松山,才能扫除远征军继续西进的障碍。因此,卫立煌对松山攻坚战特别关心。

第二十集团军第八军渡过怒江后,接替了新编第二十八师的作战任务。7月下旬,第八军在军长何绍周的指挥下,连续五次向松山发起攻击,攻克了松山的外围工事,但是,当部队攻至松山的核心工事附近时,受到日军的坚决阻击,远征军久攻不下。

远征军滇西反攻,第一块"骨头"就没有啃下来,蒋介石极为不满。蒋介石看到,滇西的日军据点不拔除,滇缅公路就难以畅通,中国军队的补给就更困难了。

为此,蒋介石不顾滇西战场的情况,严厉命令第八军必须于9月上旬收复松山,一旦贻误战机,第八军军长、师长、团长都将受到军法处置。

卫立煌为夺取松山据点费尽心机,他亲自到第八军的指挥所,指挥将士们逼近日军,采用坑道作业和连续炮击相结合的战术,攻克了松山。

在围攻松山的重要时刻,第八军军长何绍周从马上跌下来,被迫送到昆明治疗。副军长李弥接替军长何绍周指挥。李弥同日军作战多年,对滇西的地形熟悉。

李弥总结两个多月来未能攻克松山的经验教训,提出先集中炮火近距离猛烈轰击日军的坚固工事,再请美国空军低空投弹相结合的办法,摧毁日军在松山山顶的坚固堡垒。

为了攻克松山这个日军的坚固堡垒,工兵营官兵有勇有谋,在阵阵炮声

的掩护下，连续数天不停地在坚硬的山中进行挖壕作业，在松山顶峰日军的工事下挖出了两条地道，地道的尽头挖成一个大炸药室，把10吨TNT炸药放到日军的据点下面。为了不被日军发觉，这个药室垂直向上距日军阵地约30米。

9月8日，离蒋介石规定的期限只有两天了。

突然，松山上响起了一声惊天动地的巨响，10吨烈性炸药成功地爆炸了，松山的山顶被炸翻了。驻守松山的日军第五十六师团第一一三旅团的官兵在不知不觉中，全部被歼灭了。打扫战场时，远征军官兵发现，据点里仅剩数十名日军重伤员和20多名军妓。

第八军主力围攻松山，血战64天，终于用古老而有效的办法，攻克了松山这座坚固的日军据点，从而使滇西反攻这盘棋更加活跃了。

日军的广播电台哀叹：松山守军全部"玉碎"。这是中国远征军在滇西反攻中攻克的第一个日军的重要据点。在这场艰苦的持久反攻战中，远征军为攻克日军据点遭受重大伤亡，第八军伤亡达6000多人，其中第一师第三团伤亡就有3000多人，部队整编时，这个团仅存一连人。

战后，云南省政府在滇西的保山、昆明的圆通山上，建立了抗日阵亡将士纪念碑，以示昭念。

腾冲，旧称腾越，位于滇西大盈江东岸，是三国时期诸葛亮七擒七纵那位孟获酋长的都城，也是古时南方丝绸之路上的一个重要集镇。腾冲东接保山和下关，西面过大盈江后，进入缅甸的八莫和密支那，南面为大盈江的一条支流。

腾冲四面都是山岭，城东是飞凤山，城南是来凤山，城西是宝凤山，城北是高梁山，这些山岭虎视全区，地势险要，控制了腾冲城区谷地及滇缅公路。腾冲是滇缅公路上的一个要冲。

腾冲的城垣，下面是巨石，上面为巨砖砌成，抗力大。日军侵占腾冲后，不仅把城区工事修得极为坚固，腾冲外围各据点也修筑了半永久性工事。在高黎贡山日军的四大据点中，腾冲的防御工事最为险要坚固。防守腾冲的日军主要是擅长丛林作战的第五十六师团第一四八旅团主力以及第十八

师团第一一四旅团一部，这些日军弹药储备充足，防守工事坚固。

6月下旬，卫立煌得知，远征军向龙陵发起攻击后，日军就调腾冲的部分兵力前往增援龙陵，卫立煌认为，这是攻击腾冲的有利时机，即电令第二十集团军兵分三路，向腾冲发起攻击。卫立煌提出，攻击部队应以部分兵力从左翼迂回，奇袭腾冲，这样，可以避开日军构筑的坚固工事，减少部队伤亡，加快进攻速度。

6月25日，第二十集团军所属第五十四军从龙川江西岸向腾冲推进，第五十三军从清水河南岸向腾冲推进。

6月26日，第三十六师的先头部队越过老祖坟，迅速向南推进。预备第二师到达那寨、宝华寺一线。

6月29日，第二十集团军各部队先后迫近腾冲外围的日军据点，立即进行攻击前的准备工作。

7月2日，第二十集团军以左翼为重点攻击方向，向腾冲的日军外围据点发起攻击。盟军的飞机猛烈轰炸腾冲四周的日军工事，远征军炮兵频繁进行炮击。

经过20多天的激战，第二十集团军各部先后攻克了宝凤山、飞凤山，但是，来凤山的日军依托坚固工事，顽强死守。远征军使用火焰喷射器喷射日军据点，把据点内的大部分日军烧死，终于占领了来凤山，夺取了腾冲外围的全部据点。火焰喷射器是当时的先进武器，在崇山峻岭中作战，对坚固工事和洞穴内的敌军作战效果很好。日军遭到打击后，被迫退入腾冲城内，固守待援。

8月2日，第三十六师攻城战斗开始了。

美国空军的一架架轰炸机从山林中飞过，炸弹接二连三地落在日军的据点里，在腾冲的城墙上先后炸开了13处缺口，日军第一四八旅团的旅团长藏重康美也被炸死了。

远征军炮兵开始发威了，炮弹雨点般地倾泻下来，腾冲城内，到处是爆炸声，山川震眩、声动江河。日军的工事在炮弹的爆炸声中倒塌了，日军官

兵成了异国之鬼。

在一阵阵响亮的号声中，攻击部队向日军发起了冲击。经过两天激战，远征军将士夺占了日军的7个堡垒。日军遭到重大损失，仍然顽强固守。接连十多天，第二集团军一面抓紧进行攻城准备，一面要求美国空军不停地对腾冲进行轰炸。这是一场真正的恶战，远征军将士每天都伤亡四五百人，战场惨不忍睹。

8月15日，第二十集团军各部队向腾冲发起总攻。经过6天的激战，腾冲坚固的城垣终于被远征军将士突破了。第三十六师、第一九八师、第一一六师的官兵先后突入城内。

但是，日军凭借腾冲城区的核心工事，继续抵抗。远征军将士每夺占一条街巷，都要付出代价。

腾冲城内的战斗持续了近一个月，这是异常艰苦的城市攻坚战。

蒋介石始终关注腾冲攻坚战。蒋介石电令攻城部队："腾冲必须在9月18日国耻纪念日之前夺回。"

9月14日，第二十集团军的官兵再次发起猛攻。驻守腾冲的日军太田大佐感到末日要来临了，向军司令官和师团长发出了临死前的哀鸣诀别电，命令士兵烧毁日军军旗和密码本，砸毁了无线电报机，作垂死抗争。

远征军将士终于攻克腾冲，全歼第一四八旅团残部。日军代理旅团长和部分官兵弹尽粮绝，孤立无援，在绝望中先后自杀了。

日本人所著《大东亚战争全史》记述侵占腾冲的日军覆灭时，说："……只有一只眼，一只手和一条腿的官兵，那种悲壮的情景宛如阿修罗场，足以泣鬼神。"

腾冲攻坚战，中国远征军经过两个多月的苦战，终于拔除了滇西这个日军坚固据点。

腾冲攻坚战，是滇西反攻战役中具有决定意义的一次战斗，对于彻底歼灭滇西境内的日军，打通滇缅公路，具有重要作用。有报道说：

　　滇西重镇之腾冲，14日上午10时，已为我军完全收复。在此次攻城战斗中，敌军第五十六师团之一四八旅团长藏重康美于腾冲为我击毙，敌3000余人全部就歼。

　　9月23日，第七十六师收复滇西日军的另一重要据点平戛，入侵滇西的残余日军向龙陵收缩，固守龙陵。

　　龙陵位于中缅边境城镇畹町的东北，腾冲的东面，是滇缅公路上的一个要点，也是日军滇西防御体系中的四大据点之一。滇西日军把主力部队部署在龙陵。

　　远征军第十一集团军根据卫立煌的命令，确定第七十一军为右翼攻击军，第二军为左翼攻击军，各部队在5月30日前完成攻击准备。其作战方针是：

　　集团军为攻略龙陵、芒市，决以主力由惠仁桥、迄七道河间地区各渡口，渡过怒江，重点置于右翼，向龙陵、芒市包围攻击。

　　驻守龙陵的日军是第五十六师团主力。日军侵占龙陵两年多来，在龙陵周围的松山、阴登山、大地口、滚龙坡等地修筑了多处据点，每个据点都用大圆木、钢板等构筑工事，形成据点群，据点中储备了大量的粮食和弹药，做好了长时间独立作战的准备。

　　这些据点群中，以滇缅公路上的松山和镇芒公路上的平易两处最为坚固。日军把第一一三旅团的主力部署在松山、龙陵之间地域，把第一四六旅团部署在平芒之间地域。从兵力和工事上看，日军都做好了长期坚守龙陵的准备。

　　在6月1日，第十一集团军第七十一师配属第六军新编第三十九师、第二军，从惠通桥至三江口之间渡过怒江。

　　4日，新编第二十八师攻克腊勐后，即向松山发起进攻。第七十一军主力

194

部队第八十七、第八十八师沿着毕寨渡至龙陵的道路南侧，向龙陵挺进。一周后，部队进抵龙陵近郊。

6月10日，第七十一军主力向龙陵发起攻击。龙陵日军凭借坚固工事，顽强抵抗，战斗呈僵持状态。

6月15日，当第七十一军的突击部队攻进龙陵城内时，突然遭到从腾冲、上街前来支援的日军第五十六师团第一一三旅团和永井支队1500多人的夹击，第八十七师主力见日军越过龙川江迎头阻击，两军在龙陵北侧地区展开激战。

这场遭遇战打得难分难解，远征军官兵与日军进行肉搏战的关键时刻，芒市的600多名日军紧急出动，也向龙陵增援。第七十一军急忙命令新编第二十八师第八十四团前往阻击。但是，这些增援的日军仍有一部分进入龙陵城内，与固守龙陵的日军会合。

第十一集团军总司令宋希濂看到，龙陵的日军兵力增加，命令部队暂时停止向龙陵进攻。第七十一军各部队被迫撤退到黄草坝，进行再战准备。

这时候，龙陵城内的日军除第一一三、第一四六旅团外，还有前来增援的日军第五十三师团第一一九旅团的主力和第二师团第二十九旅团的一个联队，总兵力达5000多人。日军数量增加，作战的指导思想也发生了变化，一度被动固守的日军寻机向中国远征军进攻，以争取主动。

6月18日夜晚，日军向第七十一军各部队发起反击，两军在龙陵周围形成对峙，远征军一度处于被动态势。卫立煌得知这一战况，命令总预备队第八军所属荣誉第一师迅速渡江，支援龙陵。22日，荣誉第一师对日军发起攻击，龙陵的战局才稳定下来了。

6月28日，第七十一军在远征军预备队第八军荣誉第一师的支援下，第二次向龙陵发起攻击。战斗进行到7月7日，日军第一一三旅团和永井支队遭到沉重打击，被迫向龙陵城郊撤退。中国远征军乘势追击，与日军在龙陵城附近形成对峙。

日军收缩兵力的企图，就是要固守龙陵。

195

第七十一军得到新编第二十八师增援后，于7月13日第三次向龙陵发起攻击。经过十多天的激战，终于迫近龙陵的市区。

谁知就在这时候，一个意外情况出现了。芒市日军1000多人与平夏的日军会合后，向西北方向出击，直接威胁到第七十一军的左翼。

宋希濂总司令考虑再三，命令第二军兵分两路，从东西两面向从芒市出动的日军夹击。这些日军为了避免在运动中被中国远征军歼灭，不得不退回芒市。

第十七军经过近一个月的准备，于8月14日第四次向龙陵发起攻击。这次攻击，持续十多天。

城东南老东坡战斗，双方反复争夺，血战6天6夜，远征军将士击毙日军400多人，自己伤亡800多人，终将日军击退。

南天门战斗，远征军突入的人数较少，面对多数日军的阻击，远征军将士毫不畏惧，毙敌300多人后，全部牺牲，无一人退却。

8月26日，远征军突破日军的外围防御，部分将士突入龙陵市区。但是，龙陵城内的核心阵地仍然由数百名日军顽强死守，远征军将士几番突击，都未能攻克。

日军大本营为了守住滇西这几个重要的侵略据点，千方百计从日本国内抽调兵力，增援滇西战场。

8月中下旬，2000多名日军官兵进入滇西各主要据点。龙陵的日军得到人员和武器弹药的补充后，侵略野心膨胀，再次进行反扑，企图夺回龙陵的外围据点。

9月3日，日军第五十六、第二师团集中了12000多人，向进攻龙陵的第七十一军进行反击。第七十一军和第二军第九师的官兵与日军连续激战七昼夜，顶住了日军的反击，并在第五十四军第三十六师等部队的支援下，把日军击退。

9月上旬，第五军第二〇〇师奉命从昆明赶到滇西战场，参加围歼战斗。第八军于9月7日歼灭了松山的日军，远征军把炮兵部队陆续调到龙陵战场，

攻城部队亟需的各种补给物资也源源不断地运到龙陵。

龙陵周围，聚集了中国远征军第七十一军、第八军荣誉第一师、第二〇〇师、第二十集团军第三十六师等部队，在兵力兵器上占有绝对优势。第十一集团军总司令宋希濂认为，"一举歼敌之际"已经到来，部队士气高昂。

谁知在围攻龙陵的重要时刻，宋希濂收到国民政府军事委员会的电报，调他回重庆到陆军大学将官班受训。将军于胜利在望之际，不得不离开战场，离开浑身上下都是鲜血的士兵。

10月25日，第七十一军军长钟彬统一指挥各部队，向盘踞在龙陵的残余日军发起了猛烈攻击。

这是中国远征军第五次攻击龙陵。

这是一场持久的攻坚战。在滇西反攻中，攻打龙陵的战斗时间最长，参战兵力最多，战斗最为激烈，最为残酷。

11月6日，第七十一军在荣誉第一师、第二〇〇师、第三十六师的配合下，终于攻克龙陵，歼灭日军第五十六、第二师团各一部，共毙伤日军10000余人。

中国远征军在腾冲、龙陵攻坚战中，除大量毙伤日军外，还俘虏日军260多人，缴获火炮16门，轻重机枪160多挺，步枪1700多支，战果辉煌。

收复失地
两军会师

中国远征军攻克龙陵以后，入侵滇西的日军大部被歼灭，卫立煌为了迅速打通中印公路，命令第二军、第七十一军、第五十三军兵分3路，沿滇缅公路及其两侧，向芒市和遮放进攻。这是一场对残余日军的追歼战。中国远征军似猛虎下山，势如破竹。

芒市位于龙陵西南的滇缅公路上，是日军第五十六师团司令部所在地。芒市向东，可以渡怒江，入保山；向西，可以逃退畹町，地理位置重要。

芒市据点，是日军在滇西最大的一处巢穴。第七十一军于1944年11月中旬进抵芒市近郊。驻守芒市的日军虽然构筑了坚固的工事，但是，由于滇西日军各部大势已去，残余日军自知回天无力，士气低落，斗志松散。

第七十一军包围芒市后，这些残余的日军不等远征军发起总攻，纷纷向遮放、腊勐撤退。远征军顺利收复芒市。

第二军进至腊勐和蛮牛坝时，日军虽然进行了抵抗，但已经不堪一击。12月中旬，第二军进至勐古街附近。

第五十三军11月15日从河头街出发，向遮放挺进。18日，第五十三军进抵劳山附近，稍经补充，就向中缅边境城镇畹町前进。

畹町原来是中缅边境的一个小村寨，自从滇缅公路从这个小村寨前开通以后，畹町成为滇西通往缅甸的一个出国口岸，逐渐繁荣起来。从畹町南面过一小桥，即进入缅北的重镇腊戍，往西即是滇西的另一个口岸瑞丽，从瑞丽出境，可到达缅甸的重镇八莫。

1945年1月上旬，远征军三路人马先后进抵畹町，围攻盘踞在畹町的日军。1月24日，中国远征军攻占滇西境内最后一块失地畹町。至此，入侵滇西的日军全部被歼灭，残部日军不到百人逃入缅甸的丛林里去了。

中国远征军、驻印军和盟军在云南畹町举行会师典礼 🔽

为了庆祝滇西反攻战役的伟大胜利，中国远征军在畹町举行了庄严的升旗典礼。典礼结束后，第十一集团军各部队出师国门，分头追击日寇。

与此同时，中国驻印军也向缅北的残余日军发起攻击。

1月15日，中国驻印军攻克南坎后，为了迅速打通中印公路，指挥部队乘胜追击。

1月16日，驻印军命令第三十八师向芒友进攻，第三十师围歼老龙山地区的日军。

1月24日，第三十八师对芒友日军的核心阵地发起攻击，于27日歼灭日军第五十六师团一部。

至此，中国西南的国际补给线完全打通，中国驻印军和远征军完成了一项艰巨的战略任务。

1月28日，中国远征军与驻印军两路大军在缅甸芒友举行了隆重的会师典礼，卫立煌、索尔登、郑洞国、孙立人等中美将领，都参加了这一历史性的盛大典礼。3月，中国远征军奉命凯旋归国。不久，新编第一军相继占领了贵街、新维、腊戍、细包等要点，全部肃清了中印公路沿线及其周围地区的日军。中国驻印军历时一年半的缅北反攻战役即告结束。不久，中国驻印军班师回国，总指挥部、副总指挥部分别撤销。

这个胜利来之不易。在滇缅会战中，不仅军队伤亡达67000人之多，云南人民也作出了重大牺牲。龙陵当时只有60000多人口，为支援远征军反攻，牺牲者数以千计。腾冲的人口虽然比龙陵多，但他们为了支援抗日，不惜牺牲一切，承受了罕见的战争创伤。

腾冲攻坚战，村舍变成了战场，战斗结束后，全城被夷为平地，损失不计其数。远征军反攻时，16万大军所需粮食主要来自滇西，云南各族人民群众纷纷派骡马运输。滇西反攻战中的马帮运输，成了战争史上的一大奇观，仅潞江土司，就派人送了30000多箩军粮。

卫立煌在腾冲攻坚战胜利的庆祝大会上，激动地说：我们的胜利，一半是战士生命，一半是父老们的支援。

这个胜利影响巨大。

缅北、滇西反攻作战的胜利，再次开通了中国西南国际交通线，使抗日战争末期的国际援华物资源源不断地运入中国。这些美国援助的军用物资在对日寇的反攻作战中，虽然没有发挥当初预想的作用，但它给中国人民传递了缅北、滇西反攻作战胜利的信息。

这些胜利的信息，揭开了正面战场反攻的序幕，也是对世界反法西斯战争的重大贡献。这些胜利的信息，鼓舞了中国人民收复大片国土的激情。

这些胜利的信息，坚定了日本侵略军必败、抗日战争必胜的信念。在异邦土地上打败侵略者，这在中国近代史上是空前的。

中共中央通过《新华日报》，热烈庆祝缅北、滇西反攻作战的"辉煌胜利"。

史迪威将军感慨地说："中国军队是极好的。"

美国联络参谋组组长吴德回忆滇西反攻作战时，说："中国军队耐受困苦的精神和作战的勇敢，都是世界上少有的。"

美军上校布朗在谈到参与缅北反攻作战的感受时，说："中国人是我看到的最勇敢的军队，我必须向他们脱帽致敬，我愿意追随他们到任何地方。"

美国的《纽约时报》报道：中国驻印军、远征军"入缅之战，开创了大陆反攻的新阶段"。缅北、滇西的反攻作战，"从侧翼牵制了太平洋战区，可巩固印度，完全打破了轴心国会师远东之企图"。

一名战地记者在美国《皇冠》杂志1944年11月号载文评论说："中国军队是世界上最优秀的军队"；缅北反攻作战，"表现出中国军队忍受无限艰难的伟大，世界上任何军队都望尘莫及"。

图书在版编目（CIP）数据

黑色太阳：第二次世界大战亚洲战事 / 胡元斌主编
. ——北京：台海出版社，2013.8（2021.5重印）
（第二次世界大战纵横录）
ISBN 978-7-5168-0242-7

Ⅰ.①黑… Ⅱ.①胡… Ⅲ.①第二次世界大战—史料
—亚洲 Ⅳ.①K152

中国版本图书馆CIP数据核字(2013)第188658号

黑色太阳：第二次世界大战亚洲战事　　　　第二次世界大战纵横录

主　编：胡元斌　严　锴

责任编辑：俞滟荣　　　　　　　　　　装帧设计：大华文苑
版式设计：大华文苑　　　　　　　　　责任印制：严欣欣　吴海兵

出版发行：台海出版社
地　　址：北京市东城区景山东街20号　　邮政编码：100009
电　　话：010—64041652（发行，邮购）
传　　真：010—84045799（总编室）
网　　址：www.taimeng.org.cn/thcbs/default.htm
E-mail：thcbs@126.com

经　　销：全国各地新华书店
印　　刷：北京九天鸿程印刷有限责任公司
本书如有破损、缺页、装订错误，请与本社联系调换

开　　本：710×1000　　　　1/16
字　　数：210千字　　　　　　　　　　印　张：13
版　　次：2014年1月第1版　　　　　　印　次：2021年5月第4次印刷
书　　号：ISBN 978-7-5168-0242-7

定　　价：48.00元